AF607147

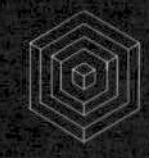

Colección Wunderkammer

Una verdadera cámara de maravillas para los materiales más variados y heterogéneos de la editorial.

COLECCIÓN WUNDERKAMMER

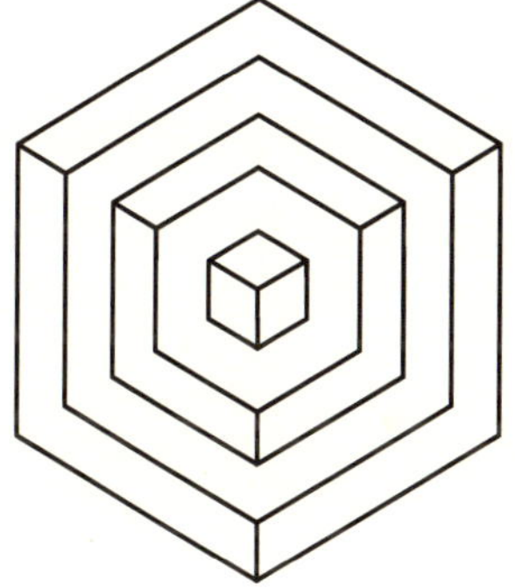

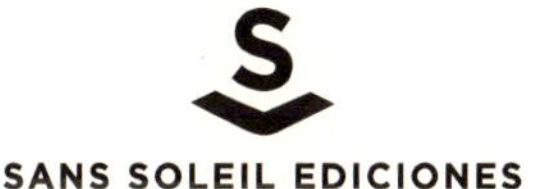

SANS SOLEIL EDICIONES

ISBN: 978-84-128248-5-8
Depósito legal: G 00017-2025

WWW.SANSSOLEIL.ES
Contacto: info@sanssoleil.es

BELLEZA Y DESOLACIÓN

BELLEZA Y DESOLACIÓN

Lo que la mirada ve

Consideraciones a propósito de la
Madonna Sixtina de Rafael Sanzio

Ignacio de Llorens

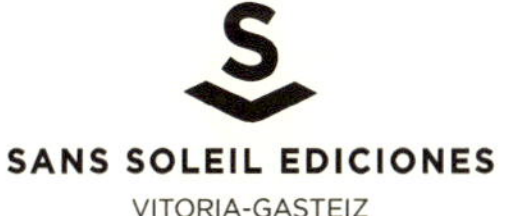

SANS SOLEIL EDICIONES
VITORIA-GASTEIZ

I.

"Caminando por unas nubes como si fueran suelo firme viene hacia nosotros una joven. De sencillez e inocencia inexplicables. El viento ondula su pelo, los ojos marrones están fijos en nosotros, los labios respiran. Y lleva en brazos a un niño rechoncho de frente grande que no se le parece, su rostro infantil y nada infantil a la vez trasluce una atención y profundidad indescriptibles. ¡La Madonna Sixtina!"

Anastasía Tsvietáieva

La escuela de Beslán, en Chechenia, fue asaltada en septiembre del 2004. Murieron 186 niños. Testimonios, documentos, reportajes, entrevistas… llegaron a las portadas de los medios de comunicación. Quizá las fotografías, esa retención del momento, sean las que mejor reflejan lo sucedido. Las imágenes que ofrecen las pantallas televisivas quedan convertidas, a veces, en fotos fijas en nuestra retina. Una de ellas resultaba especialmente inquietante. Desde el asiento posterior de un coche una niña de unos cuatro años, magullada, sucia, recién rescatada de la escuela donde padeció varios días de secuestro, en la que habrá visto sufrir y morir a decenas de otros niños, mira hacía la cámara que la enfoca. En su gesto silencioso se abre paso una solemnidad que la rescata del barullo reinante de los gritos y sollozos que provienen del fondo de la imagen. Habrá visto como niños que huían despavoridos han sido cazados a tiros. Ahora es ella la que nos mira desde la pantalla. En sus ojos no hay miedo ni enfado, tampoco tristeza, es algo más, algo menos. Es la mirada de la desolación, del desierto donde no habita el sentido, donde no cabe la espera ni el consuelo. No es la mirada de la perplejidad o de la ignorancia; ni la mirada del asombro, de la que según los antiguos brotaba el conocimiento. Un paso más atrás o más adelante. Es la desolación. Sólo los niños que viven la catástrofe nos miran así. Los adultos alguna vez han sabido o creído saber, de ellos puede ser la esperanza, de ellos puede brotar la interrogación, así como las quejas del sentimiento: el odio, la tristeza...y el precario refugio de la impotencia. A los niños les es dada la desolación. Una mirada sin adjetivos.

Muy parecidas debieron ser las escenas vividas en Micaleso, donde según cuenta Tucídides se produjo en el

413 a. C. la terrible matanza de los niños en la escuela. Aunque de esa carnicería no hubo supervivientes. "En esta ocasión, entre no pocos alborotos y todo tipo de matanzas, se precipitaron sobre una escuela de niños, que era la más importante del lugar, en la que los niños habían entrado hacía poco y los asesinaron a todos. Esta desgracia, la más grave de todas para la ciudad entera, se abatió sobre ella de forma más inesperada y terrible que ninguna otra".

¿Qué testimonio se puede dar de la más grave de todas las desgracias?

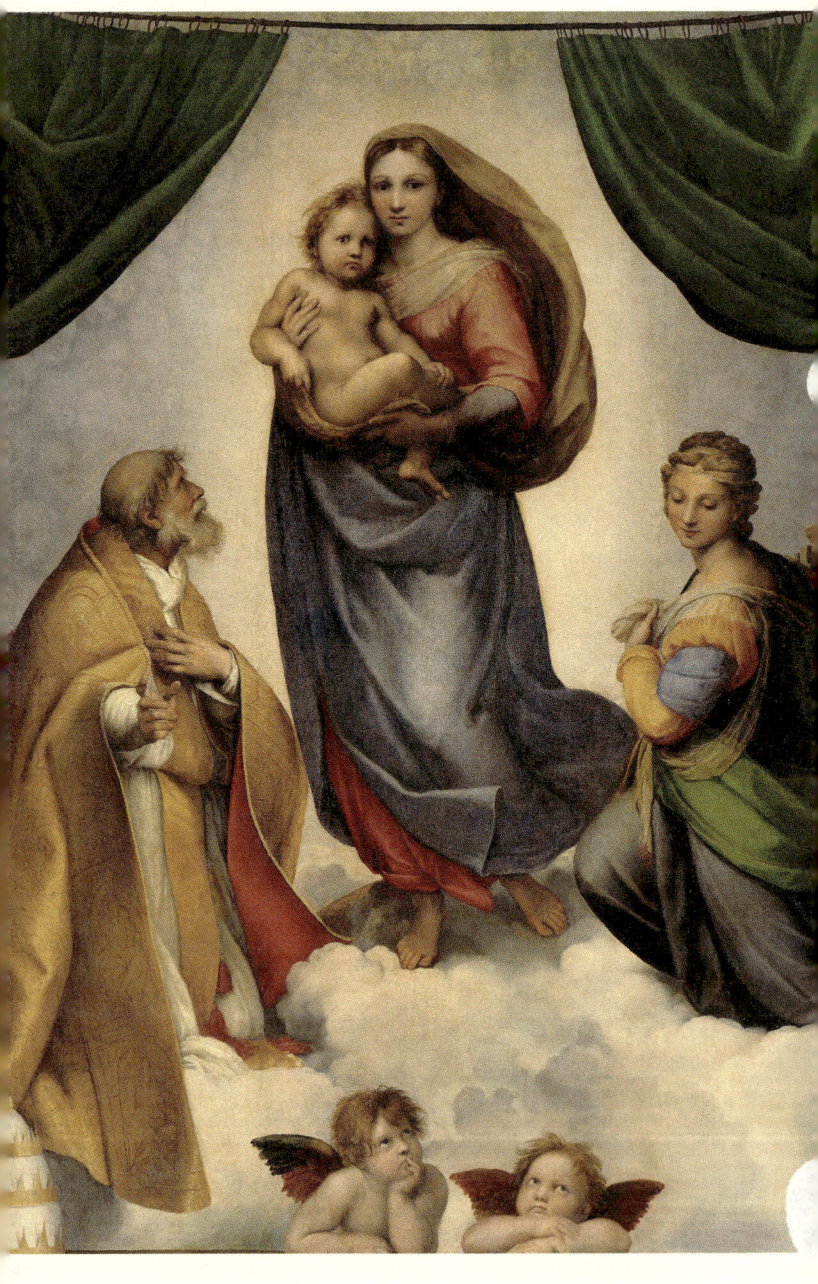

II.

En 1955, el gobierno soviético, muerto Stalin, accedió a devolver a Alemania el botín de guerra artístico del que se había apropiado durante la campaña contra el nazismo, o que había rescatado y mantenido a salvo, según se enjuicien los hechos. Antes de cumplir su compromiso organizó una exposición en el museo Pushkin de Moscú para que los ciudadanos rusos pudieran contemplar el extenso lote artístico capturado. Entre todos los cuadros y esculturas sobresalía un lienzo de Rafael, la *Madonna* Sixtina (c. 1514) que desde 1754 pertenecía a la *Gemäldegalerie Alte Meister* de Dresde.

Vassili Grossman (1905-1964) escritor y periodista que había sido uno de los primeros en entrar en los campos de concentración nazis al acabar la guerra, acudió a contemplar la exposición. Cautivado por el cuadro de Rafael escribió un breve y sentido texto de título homónimo al del lienzo. "Hay en esta representación visual del alma material alguna cosa de inaccesible a la conciencia humana". Así, admitiendo lo difícil de precisar el sentido de lo pintado por Rafael, cuyo tema central son las figuras de la virgen y del niño que ésta sujeta con sus brazos, intenta captar el significado que tantos intelectuales rusos y durante tanto tiempo han intentado desentrañar. María y su hijo miran de frente, nos miran, y sus miradas crean desazón. Esas miradas subyugan a Grossman por humanas, porque no "participan de lo divino". Cree encontrar un primer atisbo de respuesta: es el eterno humano abocado a su destino. Más allá, incluso, cree descubrir también la mirada de la virgen en la hembra de otros mamíferos cuando amamantan a sus cachorros. La joven madre y su hijo en brazos representan el arquetipo del "milagro" de la vida frente a la materia ciega. Sus miradas van al encuentro de un destino humano que varía según las épocas, pero que es siempre una carga, un pesado fardo que asumir y echarse al hombro. Lo que comienza por ser insondable acaba siendo comprensible: el destino. Lo ya trazado cuyo cumplimiento solo cabe ser realizado inquieta, pero no da miedo. Los dedos de la joven madre no se aferran con desesperación al cuerpo del niño para impedir que la muerte se lo arrebate. Y el niño, por su parte, también parece dispuesto a acudir al encuentro con el destino trágico que le aguarda.

Después de salir del museo Grossman sigue dándole vueltas a su interpretación, y paseando por las calles de Moscú comprende que esas miradas de la *Madonna* y su hijo le son familiares, así miraban las madres y los niños de Treblinka, y aquellas jóvenes judías que durante los *pogroms* stalinistas de los años treinta eran sacadas de sus casas y enviadas a los campos de concentración siberianos. La interpretación se cierra, los ejemplos escenificaban, en el dolor y el desamparo, la cita de la última generación con el destino humano trágico: el Gólgota, la cruz... la cámara de gas, el *Gulag*. En el cuadro de Rafael estaban presentes "el alma y el espejo de la humanidad".

Cada uno puede recordar dónde ha visto antes esas miradas que ha pintado Rafael, sostiene Grossman. Y él, al contemplar el cuadro, se acordó de la mirada de una joven que en la estación de tren de Konotop se le acercó y sin articular palabra alguna, solo con un ligero movimiento de sus labios silenciosos, le pidió pan...Y vio en otra ocasión a su hijo, ahora hecho un joven de treinta años vestido con unas botas militares sustraídas a algún cadáver, apenas cubierto por unos harapos, buscar ese pan de vida... ¡Las miradas de la *Madonna*! También Stalin, supone Grossman, al observar con parsimonia el cuadro "mientras se acariciaba sus bigotes grises", debió acordarse de personas a las que encontró en su época de deportado, en sus años de penalidades y peregrinaje conspirativo contra el zarismo, antes de ser poderoso, y al contemplar el cuadro de Rafael las reconocería como encarnaciones de esa joven madre y de su hijo.

Los niños suelen mostrar una tranquilidad extraordinaria en los momentos más difíciles y dolorosos, anota Grossman, una serenidad y resignación que sorprenden a los adultos. Y finalmente la calma de las miradas: la de la virgen, que tiene un rostro más infantil que el de su propio hijo, y la del niño que lleva en brazos quedan ya descifradas; se trata de unas miradas de triunfo ante el dolor, brotan de la comprensión serena de saber que cumplen con el destino humano que les hace vencedores eternos: "son invencibles". Y aquí Grossman asciende a la metafísica de la humanidad perenne, a falta de fe en otras deidades, pues "no hay nada superior a lo que hay de humano en el hombre". ¿De humano en el hombre? Treblinka, el Gulag, la matanza de Beslán y la de Micaleso... todo ello fue humano. La sustancialidad de ese humanismo abstraído de lo humano concreto, descontextualizado y fuera de lo histórico es un idealismo que da la impresión de tropezar en su propia falacia de doble sentido, confundiéndose en la polisemia de "lo humano".

Grossman parece que calmó la desazón con la que paseaba por las calles de Moscú. Pero creer haber hallado el sentido no concluye la interpretación. De ahí que esas miradas siguieran planteando un desafío y no quedaran clausuradas en el museo.

Mijail Kornetsky (1926-2005), pintor realista que resaltó el valor positivo de escenas significativas del régimen comunista, pintó en 1985 el cuadro "*Madonna* rescatada" para mostrar el cuidado, tesón y pericia con el que el régimen soviético había tratado la obra de Rafael. En el lienzo de Kornetsky figuran dos soldados haciendo guardia, uno a cada lado de la *Madonna* Sixtina, mientras en el centro una experta, sentada en una caja de madera, proyecta la lupa sobre la pintura. El soldado de la izquierda lleva un vendaje en la cabeza y viste un uniforme con muestras de combate, a la vez que empuña un fusil con bayoneta calada: se trata de un soldado veterano, curtido. En el lado opuesto vemos a un soldado joven con casco y fusil metralleta dispuesto a seguir custodiando la obra. Las generaciones se suceden en idéntica misión sin desfallecer. Rescatada en época de guerra por los héroes veteranos sigue la *Madonna* Sixtina custodiada en época de paz por los jóvenes soldados.

Diez años antes ya había pintado Kornetsky un tema parecido. En "Colección encontrada" (1976) unos soldados sin uniforme bélico van acercando y ofreciendo los cuadros a una joven experta, básicamente iconos, hallados en desorden dentro de cajas y baúles. La muchacha, una

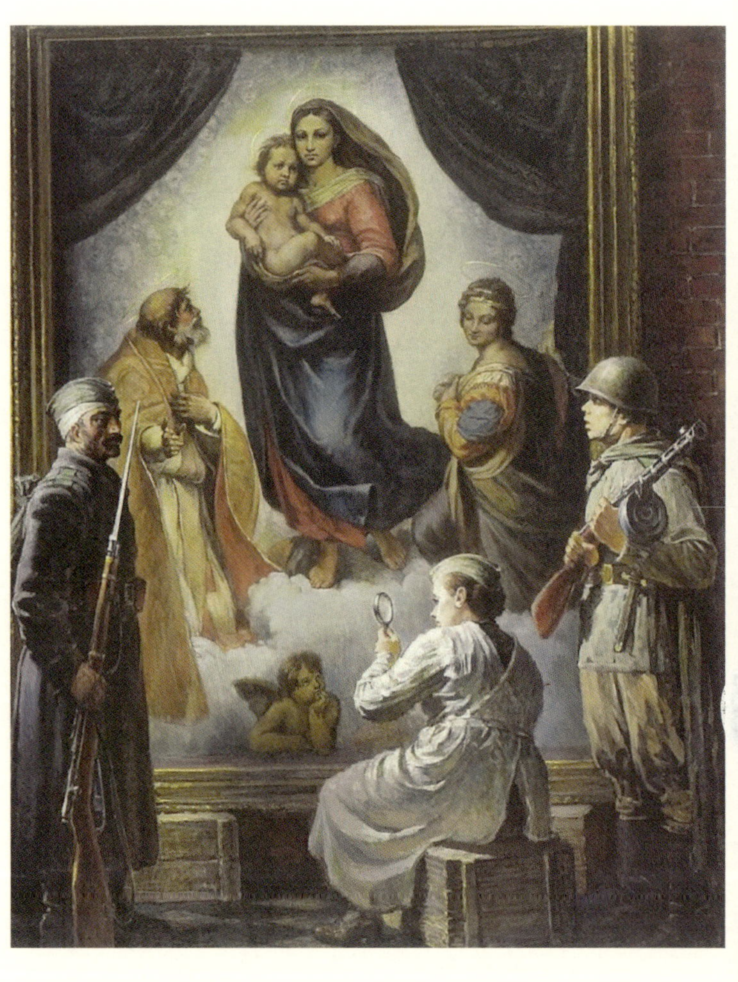

joven rubia púdicamente vestida con traje chaqueta y botas altas, va tomando notas en una libreta. El significado parece claro: el gobierno soviético guarda para archivar y exhibir las muestras artísticas de otras épocas, aunque se trate de objetos religiosos tan opuestos a la ideología del régimen. El arte se cuida, se rescata y se conserva, es un legado que debe ser mantenido.

III.

Se lamentaba San Agustín de que no se conociese el rostro de María. Sin embargo, su maestro, San Ambrosio, parecía estar seguro de la fisionomía de la Virgen, pues se refiere a ella en términos concretos: "nada de sombrío ni de duro en su mirada, ni el más mínimo atisbo de orgullo en su gesto ni en su forma de caminar". El retrato de aquella María de carne y hueso que pisó la tierra, no la que luego pueda haberse ido apareciendo a algunos elegidos, fue pintado, según leyenda, por Lucas el evangelista del original o, cuando menos, de una reconstrucción basada en testimonios reales, como bien advierte en el inicio de su Evangelio este médico y pintor, al establecer el cuidado con el que iba a narrar los hechos reconstruidos según "los que los vieron por sus ojos" (I:1- 4)

Una supuesta escena en la que Lucas pinta a una María que posa paciente ante el caballete del artista ha dejado un amplio y fructífero rastro en la historia de la pintura (Roger van der Weyden, Vasari…) Otros sitúan también al evangelista a los pies de Cristo pintando su martirio, como en el conocido lienzo de Zurbarán "Cristo en la cruz" (1627).

La pintura del rostro de María que plasmó Lucas en una madera fue icono venerado, y varias son las tablas con la imagen mariana que se atribuyen al pintor evangelista. Un siglo más tarde de la queja de San Agustín llegó a Constantinopla desde Jerusalén el retrato de María pintado por Lucas, según fuentes de la época. Tras largo y venturoso periplo recibió en la capital bizantina un cumplido homenaje arquitectónico en un templo construido para albergarla: la iglesia de Santa María de las Blanquernas, de resonancias lulianas. Antes de las acometidas triunfantes de las huestes islámicas, el icono de Lucas más "fidedigno" desapareció de Constantinopla y fue encontrado al cabo de un tiempo en las profundidades del lago Ladoga, donde nace el río Nevá, en cuya desembocadura Pedro I mandará construir siglos más tarde San Petersburgo. En la ciudad de Tijvin, próxima al Ladoga, se veneró el icono desde fines del medioevo, y a la intervención de la virgen lucasiana se le atribuirá, durante el sitio de Leningrado, la derrota de las tropas nazis que asediaron esas tierras. La católica División Azul del capitán general Agustín Muñoz Grandes, desplazada a ese frente, formaba parte del contingente de los vencidos por intercesión del icono. Aunque no se pudo impedir que la ciudad de Tijvin fuese conquistada por los nazis y el icono resultara capturado y "extraviado" durante muchos años, hasta que en el 2004 regresó a la iglesia de Tijvin, donde se le veneraba, justo a tiempo de permitir que el candidato a la reelección presidencial, Vladimir Putin, acudiera a postrarse ante el icono. Tal vez la intercesión de esta virgen lucasiana ayudara a la abrumadora victoria obtenida por éste en las urnas.

Los ojos ven con las ideas. Los iconos tienen la "gracia" de hipostasiar esencias divinas uniéndolas a las formas de las personas trinitarias. La imagen de la Virgen procedente del mediterráneo oriental suele ser poco carnal y expresa una "interioridad" esencial que parece entregar al ejercicio místico su adoración. La metafísica da sentido a los rasgos físicos. San Ambrosio le atribuye a la Virgen una belleza de alma que se proyectará en una belleza exterior. No estaba muy lejos de la concepción griega de belleza como reflejo de la bondad. La nariz en forma de tubérculo, los ojos diminutos, la calvicie... nada de ello impedirá que Sócrates sea hermoso. La "cirugía" moral es superior a la estética.

Las vírgenes de Rafael van a fijar y aportar belleza humana a la idea y símbolo de la joven judía madre de Cristo, que en su caso va a quedar inmortalizada, en ocasiones, con los rasgos de la *Fornarina*, aquella novia de dulce fisonomía que posiblemente olía a pan recién horneado y que inspiró algunas de las amables pinturas del de Urbino. Debía resultar algo desconcertante que la propia novia sirviera lo mismo para posar luciendo los senos ("Retrato de una joven", 1520) que para descender en una nube con su hijo Jesús en brazos; aunque el propio pintor, en una versión no del todo fidedigna, sostenía que el rostro de la *Madonna* Sixtina no estaba inspirado en ninguna modelo real, era una visión que se le había aparecido.

A comienzos del siglo XVI la Iglesia disponía de dos dogmas vinculados a la Virgen: el de maternidad divina y el de virginidad perpetua. Los dos dogmas posteriores, que se sumarán a estos iniciales, se establecerán en el siglo XIX y XX. Pero a partir de Bernardo de Claraval en el siglo XII y de Francisco de Asís en el XIII se generalizará la veneración popular a la madre de Cristo dando "una mayor intensidad de rasgos humanos" a su figura, según nos advierte el teólogo contemporáneo Hans Küng. El filósofo Barrows Dunham, por su parte, comenta que esta *Teotokos*, Nuestra Señora la Madre de Dios, "es el personaje más encantador del mundo sobrenatural". Hoy todavía se discute si esa *Fornarina* tan sensual es la inspiración de la madre de Dios. Lo que parece poco discutible es el carácter apacible y sereno de esas vírgenes, saliera de donde saliera el modelo. Hipólito Taine (1828-1893) en *Filosofía del arte* consagró el acierto rafaeliano a la hora de trazar esa manera de mirar de la joven María: "lo sano y plácido de la ingenua mirada de una *Madonna* de Rafael". En cualquier caso, los iconos rusos daban por lo general unas imágenes excesivamente místicas, lejanas, rígidas de la virgen, les faltaba la calidez del arrebol en las mejillas, la ternura y el despliegue todo de la versátil mirada humana. Esos iconos necesitaban un renacimiento. Se comprende, pues, que los rusos descubrieran en las *madonnas* una encarnación bella, suave y serena del amor materno y a través de ellas, sobre todo de la sixtina, intentaran descifrar el sentido de la vida condenada en su mismo acto fundacional a desaparecer, y buscaran comprender el destino humano.

Aquella *Madonna* que para Winckelmann (1717-1768) era la quintaesencia del arte clásico, queda sustraída a la preeminencia de lo bíblico. Así, escribe: "la *Madonna*, con su rostro lleno de inocencia y a la vez de una grandeza más que femenina, en una santa y sosegada actitud, con esa serenidad que los antiguos hacían prevalecer en las imágenes de sus divinidades ¡Qué grande y noble es todo el contorno!".

Si acaso pudiera romperse esa unanimidad bonancible y serena de las *madonnas* rafaelianas sería en la tensión que se observa en la *Madonna* Sixtina y, tal vez, también en la "*Madonna* de la silla", una pintura al óleo sobre tabla redonda (71 cms. de diámetro) expuesta en el Palacio Pitti, que data de la misma fecha que la sixtina, y en la que se nos muestra un excelente primer plano de la Virgen con el Niño. Allí María está sentada y se gira para mirar al espectador, pero lo hace con una mirada un tanto huraña, protegiendo al niño que tiene en brazos y que, a su vez, está mirando en otra dirección. Es una Virgen atenta al peligro que pueda acechar a su hijo, a diferencia de la sixtina, que parece entregada a su destino. En todo caso no puede considerarse a ninguna de las dos como *odigitia,* la que anuncia el camino, la que señala al Niño como camino, que es la propia de la mayoría de los iconos marianos. En la *Madonna* Sixtina parece que madre e hijo contemplan el final, el cumplimiento del destino.

El cuadro se había convertido en un motivo de peregrinación a la Galería de Dresde desde el siglo XIX para buena parte de lo que Turguénev llamó la *intelligentsia* rusa. Uno de quienes más destacó en este peregrinaje fue Serguei Bulgakov, quien tal vez estuviera huyendo de la fría estilización icónica cuando visitó la Galería en 1898. Al contemplar el cuadro de Rafael tuvo un momento de éxtasis. Vio en los ojos de la *madonna* "una fuerza infinita de pureza subyugadora y de inmolación voluntaria. Perdí los sentidos, me giraba la cabeza. Y de

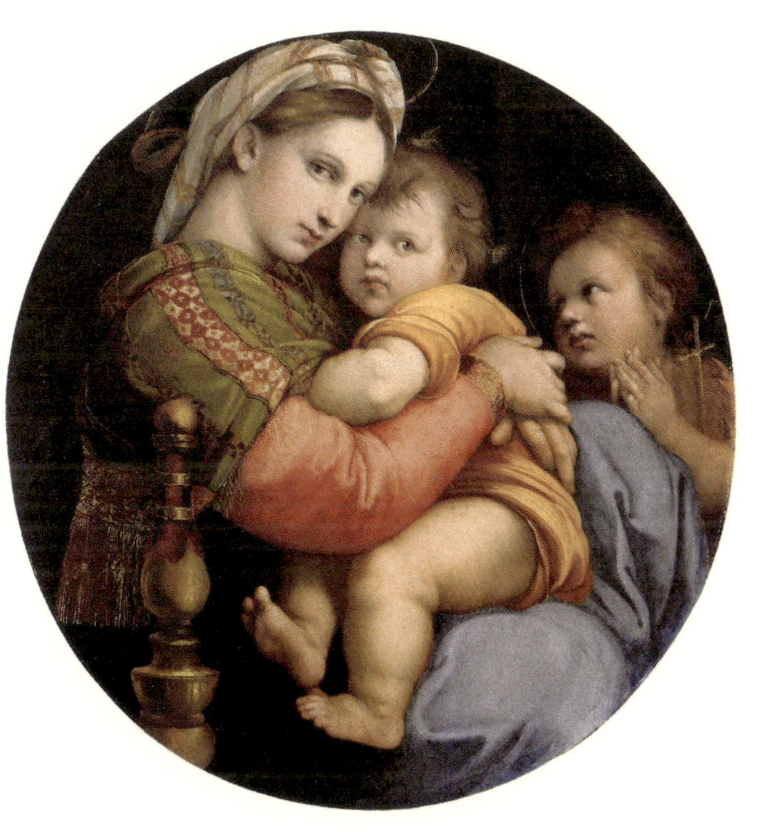

mis ojos brotaban lágrimas dulces y amargas al mismo tiempo, que hicieron derretirse el hielo de mi corazón. Era como si de pronto se me desatara un nudo vital. No se trataba de una turbación estética. No, era un encuentro, un nuevo conocimiento, un verdadero milagro (...) fue para mí una conmovedora plegaria que jamás olvidaré". Semejante encuentro le acercó al cristianismo. De hecho, va a ser el segundo momento importante, su segunda caída del caballo, en el proceso que va a marcar su definitiva conversión.

Bulgakov había sido un intelectual marxista, profesor de economía, político... Sin embargo, en un viaje al Cáucaso, en 1895, ante la belleza esplendorosa de aquellas montañas y valles, sintió sobre sí un primer aliento divino. "Ante mí resplandecía el primer día de la creación". Podríamos, quizá, entender que le sucedió algo parecido a lo que apunta Rousseau en una de sus ensoñaciones de paseante solitario.

> *"Los ateos* –decía Rousseau– *no aman la campiña. Prefieren la de los alrededores de París, donde hay todos los placeres de la ciudad, buena mesa, brocados, mujeres hermosas; pero si les quitáis eso se mueren de hastío. No ven en ella nada. No hay sin embargo sobre la tierra pueblo al que la simple visión de la naturaleza no haya llenado del sentimiento de la divinidad. Si un hombre de genio como Platón llegara entre los salvajes, con los modernos descubrimientos de la física y les dijera: 'adoráis a un ser inteligente, pero no conocéis casi nada de la belleza de*

sus obras' y les hiciera ver todas las maravillas del microscopio y del telescopio ¡Ay! ¡cuál no sería su arrobamiento! Caerían a sus pies, le adorarían a él mismo como a un Dios. ¿Cómo es posible que haya ateos en un siglo tan ilustrado como el nuestro? Lo que ocurre es que los ojos se cierran y el corazón se encoge".

Claro que el filósofo ginebrino hubiera podido considerar que Platón, a través de los artefactos científicos, podría enseñar las causas que malogran la vida humana, así como los efectos de los maremotos y las erupciones volcánicas al sepultar a poblaciones bajo el agua o la lava o el fuego, como sucedió con el famoso terremoto de Lisboa. Pero entonces ese Platón se situaría en un lugar cercano al *Cándido* de Voltaire en la polémica que ambos ilustrados sostuvieron sobre "el problema del mal".

De modo que a Bulgakov, tocado por un comienzo de fe en el éxtasis experimentado al aire libre ante el panorama de la edénica y virginal naturaleza caucásica, confirmada esta fe en un nuevo embeleso, ahora en el interior de un museo, ya solo le quedaba reflexionar lo más intensa y profundamente que le fuera posible para dar salida a este sentimiento de lo divino que le iba marcando un destino. Y así parece que lo hizo. Emprendió un largo proceso que le llevaría a consultar con popes y teólogos, y a frecuentar monasterios.

¿Quién mejor que León Tolstoi para aconsejarle de temas espirituales? En 1902 Bulgakov fue a Yalta, donde el autor de *Anna Karénina* estaba pasando una temporada para restablecer su maltrecha salud, y allí le contó el momento de éxtasis que había tenido al contemplar a la Virgen de Rafael. El humor del conde Tolstoi, siempre muy cambiante, no debía pasar por un buen momento. Irritado le contestó: "Una niña ha dado a luz a un niño, eso es todo. ¿Qué pasa?". ¡Hombre, tanta virgen y tanto niño, que si miran o dejan de mirar!, debió pensar, harto de esos paisanos suyos exaltados ante un cuadro... Ciertamente no tenía un buen día el adalid de la espiritualidad rusa, quien, por cierto, había hecho colgar en su gabinete, allá en la finca de *Yasnaia Poliana*, sendos grabados del cuadro de Rafael separando las figuras: la virgen y el niño, en el centro; un poco más abajo, a ambos lados, cada cual en su propio marco, san Sixto y santa Bárbara; mientras a los famosos angelitos los mantuvo en el centro y abajo, también en marcos separados, aunque quedaron cubiertos por un estante atiborrado de libros superpuestos en la pared. Ahí estaban los personajes de Rafael sin acabar de estar, tachados por la ristra de libros "¿Qué pasa?, uno puede colgar en su casa lo que quiera", podría decir Tolstoi de manera destemplada a quien le preguntara.

La definitiva caída del caballo de Bulgakov no había tenido lugar, ciertamente, hablando con el autor de

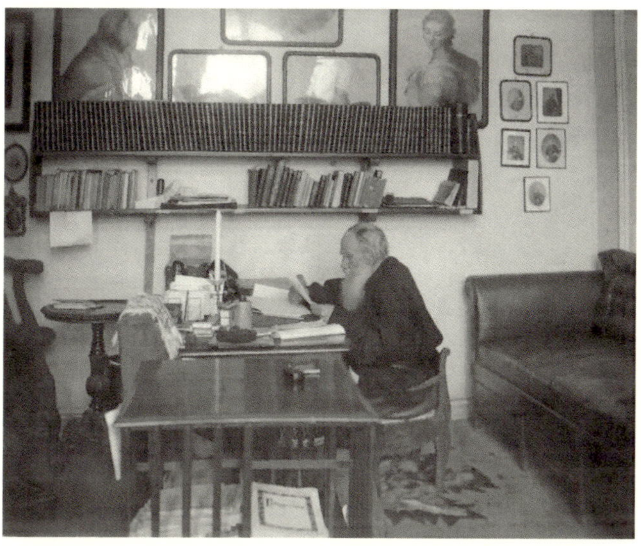

Guerra y paz. Fue necesaria una tercera ocasión. Tuvieron que pasar varios años hasta que sintiera la llegada de la fe de manera indudable.

Ocurrió en una ermita a la que se había dirigido con el propósito de encontrar a Dios. En vano asistía a las ceremonias: no alcanzaba la fe por vía de liturgias ni cánticos, ni al olor acre de las finas velas de cera. Angustiado, decepcionado, salió corriendo del templo hasta que sin saber cómo sus pasos fueron guiados a la habitación del *starets*. Allí fue reconfortado por este, y "sé con certeza que me ocurrió un milagro"; el encuentro personal con la divinidad se había producido, fue la divinidad quien le condujo al lugar conveniente para realizar la conversación adecuada.

En 1917 Bulgakov dio a conocer su conversión en el libro *Svet nevecherni* (*La luz indeclinable*), y al año siguiente se ordenó sacerdote. Pero 1917 no parecía que fuese un buen año para publicar libros teológicos. ¡Malos tiempos para la mística! En Crimea, bajo los muros de Quersoneso, la antigua ciudad griega a las afueras de Sebastopol, a orillas del mar negro, donde el príncipe Vladimir hacía mil años había sido bautizado como cristiano, y con él la antigua Rus había abrazado esa misma fe, allí Bulgakov reunió de nuevo el espíritu del pueblo con el divino, aunó tradición e historia con la devoción religiosa y se consagró al sacerdocio.

Crónicas no muy fidedignas de cosacos búlgaros hablan de la suerte de *casting* que el príncipe Vladimir había organizado para decidir con que religión quedarse. Mandó emisarios a tierras musulmanas, que volvieron decepcionados por la prohibición de comer cerdo y beber alcohol. Imposible, "beber es la alegría de la Rus", parece que dijo Vladimir. Tampoco volvieron muy contentos los emisarios enviados a sondear a los judíos. La pérdida de Jerusalén evidenciaba bien a las claras el abandono de Dios a su supuesto pueblo elegido; adscribirse a una confesión derrotada no era una opción atractiva. Pero quedaban los emisarios que habían ido a Constantinopla para conocer la religión cristiana, y estos volvieron entusiasmados por la ceremonia que habían visto en Santa Sofía. "No sabíamos si estábamos en el cielo o en la tierra", pues contemplaron "tanta belleza que no sabríamos como describirla". No se hable más, debió pensar Vladimir, sobre todo teniendo en cuenta la proximidad del imperio bizantino a sus dominios y lo práctico que sería una alianza con ese poder que disponía de un hermoso e indescriptible templo y que permitía saciar la sed alegre como Dios manda.

Con ojos de experto en fe, si eso es posible, Serguei Bulgakov volvió años más tarde al museo de Dresde, pero por entonces, 1923, llevaba ya un año exiliado de Rusia. En 1922 había sido incluido en la lista de los intelectuales expulsados del país "al vertedero de Europa", según reza la orden de Lenin, en el conocido como "barco de los filósofos", donde compartió travesía con Nicolai Berdiáyev (1874-1948), entre otros. El efecto del cuadro, en esta segunda comparecencia, se había desvanecido, como si se tratara de aquella escalera de Wittgenstein que una vez ascendida ya no fuese necesaria. Consideraba el teólogo que era humana, tal vez demasiada humana, la Virgen de Rafael, o sea que la veía con los ojos tolstoyanos, una madre que ha tenido un hijo. Sí, era una mujer bella, pero solo una mujer poseedora de "una estupenda belleza humana (…) sin la gracia… no era un icono". ¡Ah, la belleza sagrada del icono!

El Oriente espiritual estiliza. Pablo VI ratificará años más tarde a la Virgen como "la mujer vestida de sol", una imagen mediterránea menos del gusto de los amantes de los umbríos iconos y que remeda la expresión de San Juan sobre la virgen en el *Apocalipsis*. En ambos casos, sombría o resplandeciente, dejaba de ser esa madre que avizora el porvenir trágico afirmando con serenidad el destino recibido. Como un novio arrepentido de su primer amor, ahora Rafael debía parecerle frívolo al padre Bulgakov, sacerdote y teólogo, y su novia panadera demasiado alimenticia y luminosa. Pero no se puede prescindir de la Virgen, representa la aportación femenina principal en la religión cristiana, y su veneración "lleva asociada un calidez especial", escribe en *Ortodoxia*, y critica a los protestantes por "la ausencia total del principio femenino", lo cual se deja sentir "en sus templos fríos (...) y en su religiosidad seca y prosaica".

IV.

Una mañana de agosto del año 2016 zarpamos de Belomorsk. Tras franquear las últimas espuertas del canal construido por los presos del *Gulag*, seguimos rumbo al archipiélago de las Solovetsky, también llamadas Solovkí. Navegamos por el mar blanco en un catamarán a favor de viento y con un sol reparador. Disfrutamos de una bonanza semejante a la que se encontró el arzobispo de Arcángel cuando navegó por el mismo mar con idéntico rumbo, según nos cuenta el conde Tolstoi en el relato *Los tres ermitaños*: "El viento era favorable, el tiempo magnífico y el barco se deslizaba sin la menor oscilación". Después de una travesía de cuatro horas arribamos al puerto de la isla principal, en la que se halla el monasterio del siglo XV y donde se encontraban la administración y los principales barracones de lo que fue uno de los primeros *lágers* (campos) del *Gulag*.

Allí nos esperaban algunas estampas superpuestas de diversas épocas. Las cúpulas de un monasterio boreal que retiene el silencio y el dolor de lo vivido es lo primero que se divisa. En el patio rectangular una estructura de madera, una suerte de gran cadalso sirve para sujetar la serie de campanas de diverso tamaño en convaleciente espera de restauración, adormecidas en una sempiterna *perestroika*. Difícil dilucidar si el monasterio se encuentra en una decadencia asumida o, más simple, quizá nunca se haya acabado de construir. Un monje ensimismado cruza el patio deslavazado del monasterio. Más allá, junto a las tapias blancas que lo enclaustran, nos esperan nuevas estampas, ahora se trata de una decadencia bucólica: vacas también ensimismadas pastan indiferentes, sin hambre; mujeres con las cabezas cubiertas por pañuelos jaspeados de colores acarrean cubos de peltre desportillados llenos de manzanas; jóvenes junto a cañas de pescar clavadas entre las piedras que dibujan con su arco, casi invisible, un bostezo gris sobre las aguas plácidas, se despiden soñolientos del efímero verano... Hay un estanque inmóvil que parece tener nostalgia del invierno, cuando fue hielo, y se oyen ruidos de voces infantiles cerca de un haz de bicicletas oxidadas. Todo contribuye a dar la sensación de una calma triste.

En cabañas de madera se ofrecen alojamiento y provisiones. Un barracón improvisado con cuatro tablas despintadas hace de cafetería. El viento nos señala el bosque, una frondosidad de árboles que sobrecoge al recordar que allí tuvo lugar el castigo de los presos. Debían tronchar árboles, aserrar madera y hacer leña en unas condiciones de austeridad absoluta y bajo una intemperie despiadada.

Se conoció este *láger* como Solovkí, y se ha organizado en una casita de troncos una pequeña exposición de lo que fueron estas islas en los primeros años del comunismo. Paneles con mapas y fotografías, y unas vitrinas con objetos y pertenencias de los presos sirven para informar someramente, cumplir con la "obligación" de dejar constancia de unos hechos. Pero no es necesario enfatizar, basta con pararse a considerar: camino del ártico, en un mar helado en invierno, con una naturaleza dura y una vegetación empapada de un verde reumático, la vida debía ser un suplicio en aquellos tiempos de penal.

"¡Escucha Gorki! Todo lo que estás viendo es mentira ¿Quieres saber la verdad?". Maksim Gorki (1868 -1936) se prestó en 1929 a hacer un viaje a estos parajes desolados y convertir en propaganda a favor del régimen lo que era un tormento. Fue un preso de 14 años quien le contó durante hora y media, a solas con el escritor en un cuarto cerrado, toda la verdad de lo que ocurría. Gorki salió con lágrimas en los ojos, pero se fue sin más. Apenas había zarpado de vuelta el navío en el que regresaba el autor de *La madre* cuando fusilaron al muchacho. Así lo cuenta Solzhenitsyn en *Archipiélago Gulag.* "¿Cómo pudo no llevarse al chico consigo?" se pregunta. Las imágenes de su visita, al amparo de Stalin, su futuro verdugo, marcan el momento más bajo de la sinuosa trayectoria del escritor, aquel niño de Nizhni Nóvgorod que vive en las páginas de *Infancia*, magnífico y conmovedor testimonio literario. Hay que querer mucho al niño que fue Gorki para comprender, no ya disculpar, al adulto en que se convirtió esos últimos años.

Entre quienes estuvieron recluidos en Solovkí destaca el científico, sacerdote y escritor Pavel Florenski (1882 -1937), el denominado Da Vinci ruso. De él disponemos de una interesante imagen. Mijail Nésterov (1862-1942) pintó a Florenski paseando con su amigo Serguei Bulgakov por un prado verde, un verde musgo que preside y acompaña, contextualiza casi todas las obras de este pintor. El cuadro se titula *Filósofos* (Galería Tretiakov, Moscú) y en el Florenski, cubierto con una llamativa túnica blanca y ayudado de un báculo, va acompañando las meditaciones de un Bulgakov sobrio, vestido con traje y abrigo oscuro y con una mirada escrutadora enfocada al horizonte donde ambos encaminan los pasos. Florenski mira hacia abajo y mantiene una mano sobre el corazón, tal vez indicando el sentimiento, la verdad, la sinceridad con la que atiende al amigo filósofo. Da la

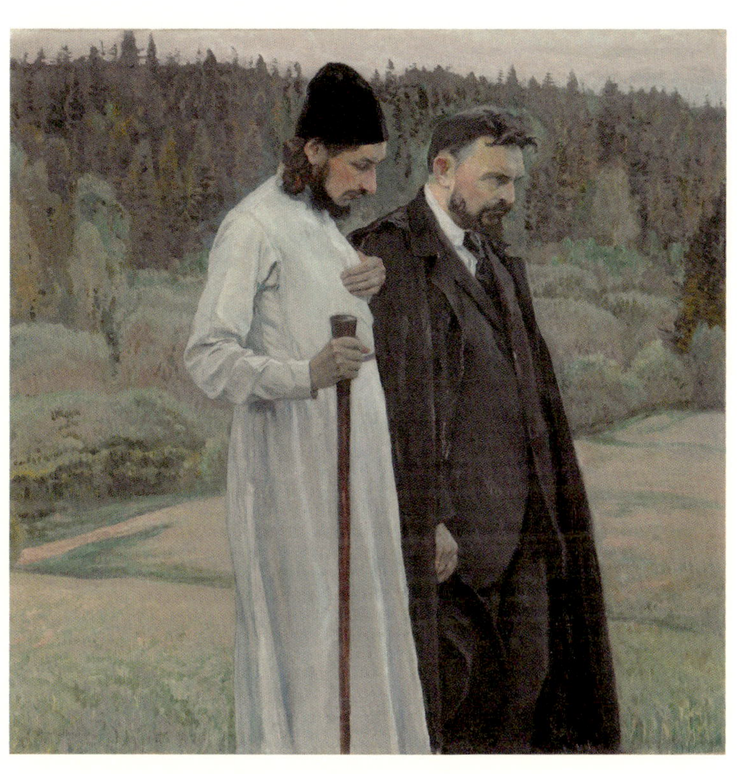

impresión de que escolta a Bulgakov con respeto; y aunque este le adelanta, es el sacerdote quien parece dirigir el paseo, la meditación.

El lienzo fue pintado en 1917. Para entonces Bulgakov, como hemos visto, ya estaba dando la espalda al intelectual marxista que había sido. Su conversión, en la que tanto la *Madonna* Sixtina como Florenski tuvieron bastante que ver, se había realizado. Pero a su amigo le aguardaba un vía crucis.

"¿Y ahora este de dónde sale?", parece que dijo Trotski cuando vio aparecer a un monje vestido con túnica blanca en una reunión de científicos en el Petrogrado de 1921. La pregunta era pertinente. "Ahora", en 1921, tras varios años de funcionamiento del régimen comunista, después de inaugurados los primeros campos penitenciarios en 1918, a los que habían ido a parar, en un primer turno, sacerdotes, soldados blancos, anarquistas y demás políticos caídos en desgracia, que alguien tuviera el atrevimiento de presentarse con hábito clerical a reuniones políticas tenía su "gracia".

Aunque Florenski nunca estuvo en Dresde, pudo contemplar la *Madonna* Sixtina en reproducciones y dejó escrito un comentario interesante respecto de la representación espacial de las figuras en el cuadro. Suele ser común en los comentadores de la obra la referencia al desvelamiento que suponen las cortinas abiertas que recogidas a ambos lados enmarcan la visión. Se ha corrido el velo y se descubren las miradas. El contenido de la visión, lo que la mirada ve, es el objeto que debe ser interpretado en el cuadro. Así, la presencia de esas cortinas apelmazadas sujetas a ambos lados son también, a su manera, personajes. Friedrich Antal (1887-1954) puede escribir que "el contrapeso mediante asimetría de las cortinas a los lados...". Sin embargo, Pavel Florenski a partir de un estudio sobre la perspectiva invertida, que observa especialmente "en muchos cuadros de Rafael", se aventura a plantear la cohabitación de la perspectiva invertida con la que suele ser corriente, para establecer "la pacífica coexistencia de dos mundos, de dos espacios". De manera que, referido a la *Madonna* Sixtina, sería:

> *"como si el telón que nos separa de otro mundo se dejara caer silenciosamente ante nosotros, permitiéndonos ver no una escena, no una ilusión en este mundo, sino una realidad distinta y verdadera que, no obstante, ha irrumpido aquí. Rafael insinúa esta característica espacial en la* Madonna *Sixtina por medio de los cortinajes abiertos".*

Y estos dos mundos, el de la visión y el terrenal donde se sitúa el espectador, son necesarios para comprender la ingravidez de las figuras que sobrevuelan sin caer sobre los querubines, que reposan confiados y displicentes, apoyados en el dintel del límite inferior del cuadro. Walter Benjamin se hace eco de la investigación de Hubert Grimmes según la cual quedó evidenciado que el cuadro cumplía originariamente la función de acompañar al féretro del Papa Sixto colocado en una capilla lateral en la Basílica de San Pedro durante las exequias. Los querubines apoyados en una balaustrada marcarían el límite del espacio celestial. Le interesaba a Benjamin como ejemplo de obra de arte que tenía a la vez valor ritual y de exhibición.

La estancia de Florenski en Solovkí empezó en 1935, cuando ya había cumplido dos años de condena, y allí estudió como pudo la vegetación y el *permafrost,* y terminó en 1937, cuando fue trasladado a Leningrado para ser fusilado seis años antes del vencimiento de la reclusión a la que se le había sentenciado. El régimen tenía prisa en deshacerse de él, de él y de las obras que había escrito. Como sucedió en 1941 con Isaak Bábel, se les fusiló y se hicieron desaparecer las obras no publicadas. Cuando el padre Serguei Bulgakov supo en el exilio de París de la ejecución de su amigo escribió un sentido homenaje: "De todos mis contemporáneos que he tenido la dicha de conocer en mi larga vida, él ha sido el más grande".

Ya hacía tiempo que se había puesto el sol cuando entramos de nuevo en el belomorsk canal, de vuelta de las Solovestky. Con la "boquilla de su pipa Stalin trazó en un mapa el canal mar blanco-mar báltico", cuenta

Solzhenitsin. Los buques de la armada debían poder navegar por él. Más de 80.000 presos lo estuvieron construyendo casi dos años. La mayor parte murieron en la construcción faraónica que resultó un fiasco: demasiado estrecho y poco profundo. Las expectativas no quedaron cumplidas. En 1933, Gorki, de nuevo, había encabezado una expedición de 120 literatos para que asistieran *in situ* a la gran obra que redimía por el trabajo a los presidiarios. Algunos de estos escritores dejaron luego su testimonio en un libro colectivo a mayor loa de Stalin y el sistema punitivo totalitario.

De aquel trazado hecho con la pipa quedaba solo un silencio resignado aquella noche en la que no supimos atinar a precisar de qué lugar y época regresábamos. El muchacho que se atrevió a desvelar la verdad en 1929 ¿debía saber lo que le aguardaba instantes más tarde? ¿Gorki observó en la mirada del chico esa asunción del destino que tiene el niño que sostiene la *Madonna* Sixtina, según le pareció a Grossman? ¿Tenía la desolación en sus ojos, como parecen tener los niños ante la tragedia? Para llamar la atención del escritor, para que reparara en que todo era un montaje, un grupo de presos a los que las autoridades del *láger* habían dispuesto en fila simulando que leían la prensa, pusieron los periódicos del revés. Y Gorki se dio cuenta, se acercó a uno de ellos y le puso el periódico del derecho. Gorki lo vio, pero prefirió callar.

Alexis Peskov es como se llamaba al nacer, en el curso medio del Volga, donde este confluye con su afluente, el sinuoso Oká, dibujando una disyuntiva fluvial caudalosa y silente, el escritor que como *nom de plume* optó por un adjetivo de apellido, amargo, *gorki*, y enfatizarlo con el nombre de Maksim.

En una de las cartas desde Solovkí Florenski intenta consolar a su esposa y le aconseja: "para mantener la alegría acércate a los niños". Pero cuando se fusila a los niños resuena la aseveración de Tucídides: "la desgracia más grave para la ciudad".

V.

"Siempre me turba y me deprime contemplar por primera vez tanta belleza. Me siento feliz e inquieto al mismo tiempo". Así lo confiesa el príncipe Mishkin, el protagonista de *El idiota* de Dostoievski. Y así debía sucederle también al propio autor, según nos cuenta su segunda esposa, Anna Grigorievna.

Durante su estancia en Dresde, Dostoievski acudía a diario a la Galería de arte y dedicaba su penetrante atención a la contemplación de la *Madonna* Sixtina de Rafael, su pintor favorito. El autor de *Demonios* se sentaba un buen rato ante el cuadro. De hecho, aquella taquígrafa que acudió al reclamo de un anuncio de trabajo a casa del ya por entonces conocido escritor, y que después de ayudarle con su pericia dactilográfica a entregar en los plazos requeridos los folios de *Crimen y castigo*, se convertiría en su protectora esposa, es quien nos refiere en su *Diario* el entusiasmo contemplativo de su marido ante la *Madonna,* lo cual le ocasionaba altercados con los vigilantes de las salas, especialmente cuando se ponía de pie sobre la silla para contemplar de cerca los ojos cautivadores de la Virgen. "¡Qué belleza, qué inocencia!, ¡qué pesar puede verse en esta divina faz, qué humildad y sufrimiento en esos ojos! Fiodor cree que hay dolor hasta en su sonrisa".

Desde entonces el lienzo le acompañará en todas sus novelas. En *El adolescente* situará el cuadro en casa del protagonista: "colgado de la pared, un grabado admirable de la *Madonna* de Dresde". Se encuentran también alusiones en *Crimen y castigo*; en *Demonios* volverá a aparecer como referencia de belleza eterna en los discursos de Stepan Trofimovich, y hasta en la última novela, *Los hermanos Karamazov*, se menciona el cuadro de Rafael. Pero será en la gestación de *El idiota* donde el recuerdo de este lienzo va a tener un papel determinante. Una de las protagonistas centrales, Nastia Filipova, nos brinda una imagen pictórica sugerente:

> *"Los artistas pintan siempre a Cristo de acuerdo con lo expuesto en el Evangelio -escribe en una carta-. Yo lo hubiera representado solo (…) A su lado hubiera puesto únicamente a un niñito jugando (…) Cristo le habría escuchado (…) Su mano descansaría con abandono sobre la cabecita del pequeño. Luego Cristo mirando a lo lejos, al horizonte. En los ojos se refleja un pensar*

vasto como el universo. Tiene un rostro muy triste. El niño está callado, acodado en las rodillas de Cristo, con la mejilla apoyada en su manita. Levanta la cabeza y le mira fijamente, con esa expresión pensativa que tienen a veces los niños. El sol se pone... Así era mi cuadro".

Una imagen que huye del bullicio argumental del evangelio para darnos ese Cristo de rostro muy triste que comprende a los niños y mira al crepúsculo, tal vez atisbando el cumplimiento mortal del destino de esos niños; pero siendo Él el redentor, solo podría estar triste junto a un niño porque no se cumple la salvación, porque la belleza ha sido derrotada, o tal vez por el sufrimiento que a Él mismo le aguarda para conseguir la redención de los inocentes, de la humanidad toda. Nastia Filipova, una suerte de *femme fatale*, atraerá a los hombres, pero en Mishkin solo logrará despertar una compasión infinita que con muchas dificultades el príncipe evitará, acaso, confundir con el enamoramiento. Un contrapunto a Nastia lo establecerá Aglaya, para la cual el escritor encontró un modelo en su propia vida.

El invierno de 1865 recibió Dostoievski una carta de una joven escritora de provincias. Poco tiempo después esta le anunciaba que se había instalado en San Petersburgo y expresaba su deseo de conocerle personalmente. Con toda la precaución y contrariando el deseo paterno –"es periodista y expresidiario. ¡Valiente recomendación! ¡Vaya! Debemos tener mucho cuidado con él"– la madre consiguió concertar una cita entre ambos. La escritora novel era Anna Korvin-Krukovskaia, veinte años más joven que él, lista, talentosa y guapa… También le convenía, pues, a Dostoievski tener mucho cuidado con ella. El encuentro resultó un desastre. ¡Tanta precaución! Dostoievski vio con desagrado como Anna estaba rodeada de la madre, dos tías, y la hermana menor, Sofia, de 13 años. Después de un suplicio de media hora consigió escabullirse. Sofía nos ha dejado en su libro de recuerdos la triste imagen que ofrecía el escritor, "nos pareció viejo y enfermizo, como por lo demás ocurría siempre que estaba desanimado".

Al cabo de una semana Fiodor Mijáilovich tomó la casa por sorpresa. Solo estaban las dos hermanas, y entonces se mostró como "una persona maravillosamente buena y sagaz". Y a partir de aquel día empezó a visitarlas tres veces por semana. El autor de *Humillados y ofendidos* se enamoró de Anna, pero fue correspondido por Sofía. ¿Sofía? ¡Solo tenía 13 años! Anna no pudo enamorarse de él: "¡Es un hombre tan bueno!", pero demasiado "exigente y nervioso". Sofía quiso conquistarle interpretando la sonata *Patética* de Beethoven, que sabía era una de las piezas musicales predilectas del escritor, pero este, pendiente de Anna, no reparaba ni en la música ni en la pequeña Sofía, que lloraba con solemnidad adolescente, despechada, tumbada sobre la cama de su cuarto. Con Anna pronto empezaron las discusiones. Era una nihilista atea y llegó incluso a poner en duda a Pushkin. Nada podía ofender más a Dostoievski. Bueno, sí, tal vez… negar la valía de la *Madonna* Sixtina. Este pecado no lo cometió Anna, sino uno de sus invitados a las *soirées* que se organizaban años más tarde en casa de su hermana Sofía. Fue el pintor Pavel Briulov –sobrino del también pintor Karl Briulov, el autor de uno de los cuadros más famosos de la pintura rusa decimonónica: "El último día de Pompeya"– quien se atrevió a banalizar el cuadro de Rafael. La conversación versaba sobre el arte, y Dostoievski ofreció una brillante explicación:

> *"Los griegos expresaron todo el poder de su representación de lo sacro como una mujer bella en la* Venus de Milo. *Los italianos representaron a la verdadera madre de Dios en la* Madonna *Sixtina ¿Qué es la Madonna del mejor pintor alemán, Holbein? ¡La esposa de un panadero! ¡Una pequeña burguesa! Nada más".*

Briulov adujo que la *Madonna* de Rafael también era como la representación de la antigüedad clásica. Dostoievski, intentando controlar la ira, le pidió que razonara su aseveración. Bueno, pues, según le parecía a Pavel Briulov, que no vio venir la tempestad, ello se evidenciaba "en todo, en todo el tratamiento de cada pliegue del ropaje". Y ahí estalló Dostoievski. "Se puso en pie de un salto –cuenta su biógrafo Joseph Frank– y corrió por la habitación agarrándose la cabeza con las manos y repitiendo con voz de indignación y de horror. "¡Ropaje! ¡Ropaje! ¡Ropaje!". Ante la belleza de la *Madonna*, frente a las miradas de esa madre y su hijo, junto a la grandeza y esplendor de un mensaje tan imponente, que se atendiera a un detalle técnico menor... era una falta de sensibilidad alarmante, un pecado estético y metafísico. Debió parecerle que eso era ofender y humillar.

Anna, llevada de su nihilismo, se enamoró de un *communard* y luchó en la *Commune* de París. Colaboró con Marx y tradujo al francés algunos capítulos de *El capital.* Mantuvo la amistad con Dostoievski, y fue la modelo para el personaje de Aglaya en *El idiota.* Por su parte, la joven pianista enamorada, Sofía, se convirtió en la primera mujer catedrática de matemáticas en Europa. El príncipe Kropotkin se alegró de encontrar en Berna a la estudiosa y brillante Sofía, quien "se convirtió en una matemática muy reputada y fue invitada a ocupar una cátedra en Estocolmo, (...) en una universidad para hombres". Fue en 1881, el mismo año de la muerte de Dostoievski, cuando consiguió esta plaza en la universidad. "Era tan joven –continúa explicándonos el príncipe anarquista en sus excelentes *Memorias de un revolucionario*– que todos la llamaban por su diminutivo. Sonia". En Suecia moriría diez años más tarde de neumonía, como le pasó a aquel otro matemático, Descartes, que fue a Estocolmo a enseñar a una reina. Alice Munro ha contado con una prosa desapasionada la historia de Sofía Kovalevskaia en el cuento *Demasiada felicidad* (2009).

La belleza, la *Madonna,* el destino... Bajo la admonición de Rafael, en Dresde, fue concebido, al parecer, *El idiota.* Sin embargo, otro cuadro gravitará sobre las páginas de la novela marcando el polo opuesto al del pintor de Urbino. Fue en el museo de Basilea donde Anna y Fiodor pudieron contemplar el cuadro de Holbein *Cristo muerto en la tumba*, pintado en 1521, un año después de la muerte de Rafael. El *rigor mortis* en el cuerpo de Cristo mostrado con toda la verosimilitud posible, según solía ser el sello pictórico de Holbein, que como indica Elie Faure "no utiliza nunca su piedad de artista" para suavizar la naturaleza. La aplicada Anna Grigorievna nos lo cuenta:

> *"Por regla general vemos a Jesucristo pintado después de su muerte con el rostro atormentado y doliente, pero en su cuerpo no hay ninguna señal de dolor y sufrimiento (...) Pero aquí todas sus formas están demacradas, pueden verse sus costillas y todos sus huesos, manos y pies llenos de heridas, amoratados e hinchados, como un cadáver a un paso de la descomposición. También el rostro muestra una terrible agonía, con los ojos semiabiertos, sin ninguna expresión (...) Fiodor se apasionó completamente por él (...) Se quedó como anonadado (...) Cuando volví después de quince o veinte minutos aún lo encontré clavado en el mismo lu-*

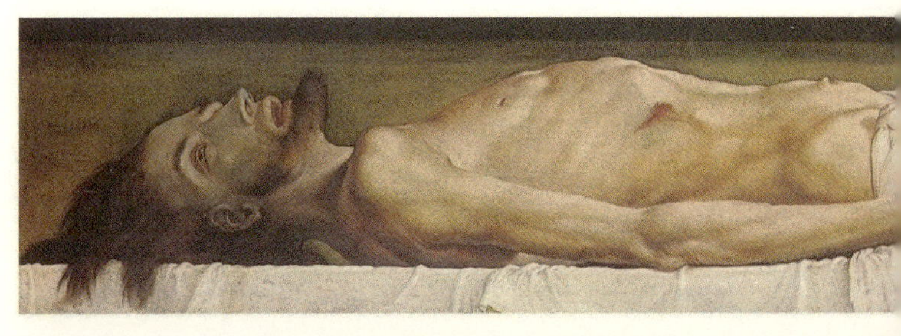

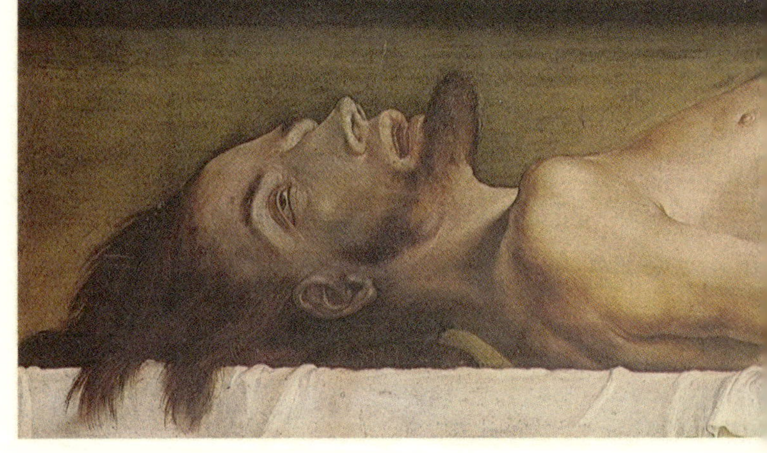

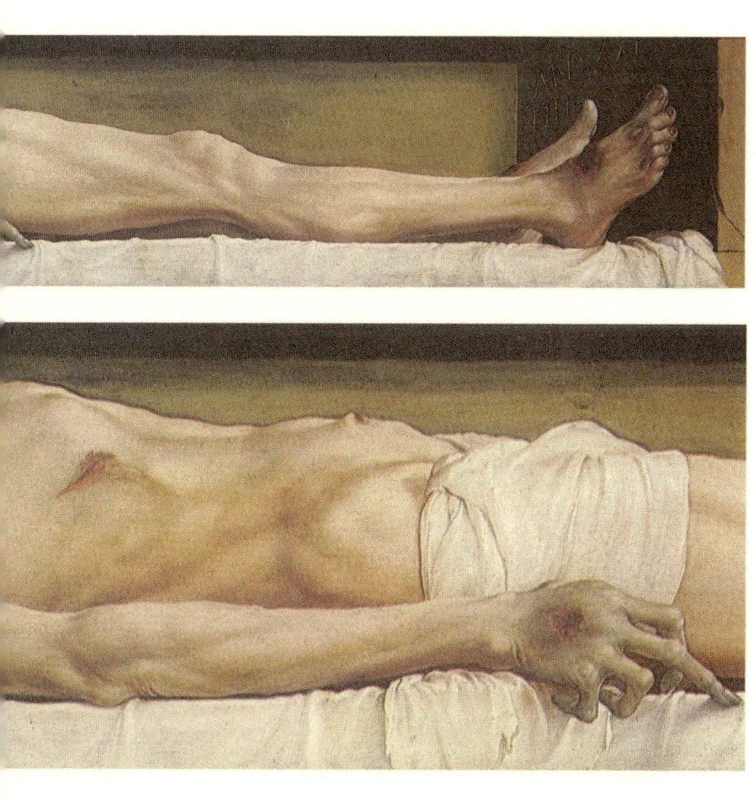

gar, frente a la pintura, encadenado. Su rostro emocionado tenía esa expresión de pánico que ya le había notado muy a menudo al comienzo de sus ataques".

En las páginas de *El Idiota*, la influencia de la belleza sin mácula a la vez que dramática de la *Madonna* de Dresde irá siendo contrastada por el cuadro de Holbein de Basilea. Un grabado reproduciendo este cadáver de Cristo estará en la habitación de Ragochin, el atormentado personaje, el asesino de Nastia, quien le comenta a Miskkin que el cuadro de Cristo yaciente era el argumento definitivo a favor del ateísmo: Jesucristo con los signos del tormento que le ha causado la muerte, más la corrupción carnal del cadáver en que se ha convertido. Ahí estaba la visión de la materia humana, el fin de la farsa de Cristo. Un cadáver en su lecho, solo, abandonado; un cadáver humano como cualquier otro, sin trazas de resurrección… "Ante un cuadro así se puede perder la fe", se lamentará el príncipe Mishkin, sin acabar de dar la razón a Ragochin, pero comprendiendo la potencia del argumento negador de la divinidad, pues el cuadro desempeña el papel de documento, de prueba de hecho.

"Príncipe, ¿es verdad que usted dijo una vez que al mundo lo salvaría la belleza? ¡Caballeros! (…) El príncipe ha dicho que la belleza salvaría al mundo… Yo sostengo que si se le ocurren ideas tan peregrinas es porque está enamorado (…) ¿Qué clase de belleza salvará al mundo?".

Esta famosa predicción, ni siquiera es dicha por Mishkin, se le atribuye como *en passant*, y él evita pronunciarse al respecto. El enamoramiento vendría a ser un sentimiento pacificador y salvador del mundo. El amor y la belleza en unión inextricable.

En su último domicilio, en San Petersburgo, donde escribió *Los hermanos Karamazov*, puso Dostoievski en su gabinete una reproducción en blanco y negro de la *Madonna* de Dresde, y así puede verse en la actual casa museo. La reproducción es sólo de la figura de la virgen y el niño, y prescinde del resto, que es mucho prescindir, pues ignora a San Sixto y sus seis dedos, siendo el suplementario el representante del sexto sentido: la anticipación del futuro. Y olvida también a santa Bárbara y a los dos querubines que tantas veces han sido utilizados para decorar porcelanas y calendarios. Para Fiodor Mijailovich todas esas figuras no debían ser más que quincalla, comparsas ilustres, en el mejor de los casos. San Sixto señala y mira al frente, hacia donde convergen las miradas de la Virgen y el Niño. Ayuda a concentrarse en el objetivo principal del cuadro, aquello que es visto por los personajes centrales y que el espectador debe interpretar. Es, pues, una figura auxiliar, una señal. Santa Bárbara mira hacia abajo, a los querubines que reposan indiferentes, aburridos. Las miradas de la Virgen y el Niño son un foco hacia el destino, donde se juega la última partida, la defi-

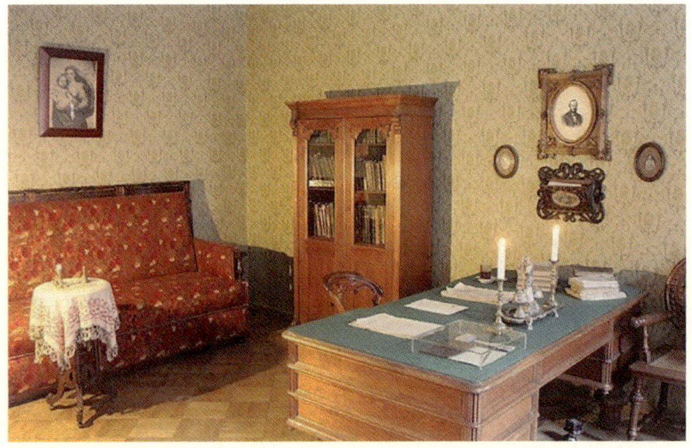

nitiva, la que permitirá apostar por el más allá o retirarse de la mesa y replegarse en el nihilismo.

Esta reproducción en blanco y negro del núcleo del cuadro de Rafael se hallaba, pues, colgada sobre el diván en el que al llegar la madrugada, tras una noche de redacción febril, dormía Dostoievski. En ese mismo diván en el que agonizó.

Si viéramos el interior del despacho, allá en San Petersburgo, desde la ventana que da a la calle, en una de esas noches de prosa creativa, podríamos observar a Fiodor Mijáilovich escribiendo sobre unas cuartillas atiborradas de dibujos y renglones torcidos. A un lado la cajetilla de cigarrillos, *papirosi*, al otro una taza de té;

a sus espaldas, sobre la cabeza, la mirada del Niño que adivina la cita en el Gólgota que le depara el destino, y Dostoievski mirando a su vez en la misma dirección, viendo aquella cima coronada de cruces y esperando el milagro. En la memoria la imagen del cuadro de Basilea, subyugadora, obsesiva... el cumplimiento de ese destino, con el cadáver del Niño hecho adulto, abandonado, materia en putrefacción, aguardando... Diríase que el escritor ruso pone la prosa al futuro, da la voz a la mirada, desde su escritorio nocturno, cuando el mercado Kuznechni de enfrente duerme y las campanas que pocos meses después de terminada la historia de los Karamazov, y a la vuelta de pronunciar en Moscú su famoso discurso en memoria de Pushkin, van a doblar con parsimonia y respeto en el entierro del escritor, en febrero de 1881; allí, en la esquina, en la iglesia Vladimirskaia. En esas noches de prosa abisal, entre los mercaderes y el templo, donde tenía instalado su último gabinete, el escritor comprende y vela a un mundo que ha logrado conciliar el sueño.

Y mientras el mundo se abandona en la despreocupación del descanso, Fiodor Mijáilovich aguarda.

VI.

No está probado que Lenin viera en Dresde la *Madonna* Sixtina. Sin embargo, el valor de fetiche artístico y religioso con que la tradición intelectual y teológica rusa venía consagrando al cuadro de Rafael no podía pasar desapercibido al padre de la patria soviética. De modo que el pintor armenio Dimitri Nalbandian (1906-1993) quiso suponer, siguiendo una dudosa hagiografía, que así ocurrió, y en 1965 pintó el cuadro "Lenin en Dresde en 1914". De modo que tres años antes de la revolución, durante el exilio de Zurich, Lenin se habría acercado a la Galería de la capital de Sajonia para examinar *in situ* el cuadro de Rafael. Nalbandian fue una suerte de pintor de cámara de los grandes próceres del régimen y cronista de los principales acontecimientos vividos en la era soviética. Pintó muchos cuadros de Lenin, donde se le ve dando mítines, hablan-

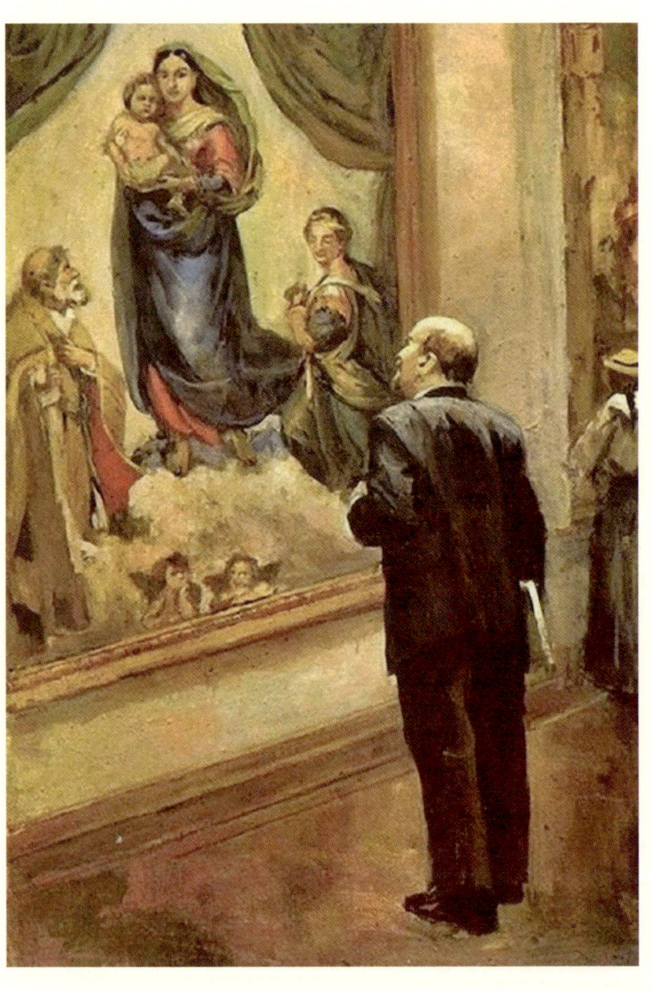

do con soldados o escribiendo en su despacho. También retrató a otros líderes: Fidel Castro, Indira Gandi, Kruschev, Bézhnev y, principalmente, al camarada Stalin. Tiene interés su cuadro "La gran amistad" (1950) en el que se ve a Stalin aconsejando a Mao, ambos sentados en la intimidad del gabinete del líder soviético, Faro de la Humanidad, forrado de estanterías atestadas de libros, que ocupa el centro del cuadro, mientras el Gran Timonel chino lo escucha con atención, más en la sombra, a un lado y algo retirado.

Realismo, habilidad en la puesta en escena, dominio técnico, fácil comunicación con el espectador… todas estas son características de la obra del pintor armenio. Sorprende, pues, que sabiendo hacer bien las cosas pinte la reproducción de la *Madonna* Sixtina de una manera tan apresurada, caricaturesca incluso. Los santos son casi un pegote, los angelitos quedan descentrados y las figuras de la Virgen y el Niño apenas apuntadas. Podría pensarse que está hecho así para desmerecer el lienzo de Rafael. Se va viendo que el interés reside, claro, en la figura de Lenin. Lo importante no es lo que este ve, sino el hecho de que se digne a verlo. Lenin está de espaldas, ligeramente de perfil, mirando al cuadro. La cabeza iluminada, una mano plegada a la altura del pecho, dando sensación de que está contemplando el cuadro con interés, y con la otra sujeta unas carpetas, puede tratarse, pues, de un alto en la jornada, no una visita ex profeso. Para evitar pensar que Lenin rinde visita de culto estético o religioso a la Virgen y al Niño, se retransmite la idea, acaso, de que les examina para averiguar el motivo que desde hacía un siglo venía asombrando a la *intelligentsia* de su país.

La generación de aristócratas progresistas que sucedió a la de Pushkin y los decembristas, y anterior a la de los que vivieron la revolución de octubre, llegó también, con estruendo crítico, a la Galería de Dresde. Eran hegelianos de izquierda, tal y como les había aleccionado el joven filósofo Nicolai Stankievich (1813-1840) en Moscú y, sin mucha dilación, se hicieron socialistas bajo la influencia de Fourier y Proudhon. Crecieron dando la espalda a los valores de sus padres y al Zar. Pronto tuvieron que exiliarse para poder seguir alentando proyectos, cuando no quimeras. El historiador británico E.H.Carr les llamó exiliados románticos. Descreídos, no se apuntaron a la moda agnóstica de T.H. Huxley (1825-1895) y decidieron definirse como ateos. Engels advertirá en el prólogo a *Del socialismo utópico al científico* (1876) que eso del agnosticismo era un ateísmo vergonzante. Parodiando lo dicho por Lord Alfred Douglas referente de la homosexualidad, podríamos añadir que el agnosticismo era un ateísmo que no se atrevía a decir su nombre. A uno de esos románticos, Bakunin, lo de ateísmo incluso le parecía poco, prefirió el término de antiteologismo.

El poeta Vasili Zhukovski (1783-1852) hizo varios viajes a Dresde para inspirar sus versos contemplando la *Madonna* Sixtina. Pushkin también había quedado prendado del cuadro de Rafael, pero su testimonio no va más allá de un arrobo no matizado. Aquel vigoroso, tal vez tremebundo, crítico literario que fue Visarión Belinski (1811-1848) sentenció al cuadro de Rafael, como lo hacía con cualquier texto que se le pusiera por delante: la *Madonna* "nos mira a nosotros, los distantes plebeyos, con fría benevolencia, temerosa al mismo tiempo de ser mancillada por nuestras miradas y de infligirnos dolor". Belinski había encumbrado a Dostoievski por su primera obra, *Pobres gentes*, y luego lo había criticado duramente cuando publicó la segunda novela, *El doble*. No era muy dado a tamizar sus expresiones, y el vigor de su crítica le hizo el mentor de esa generación, en los pocos años que la tuberculosis le concedió de vida.

Alexandr Herzen (1812-1870), con quien Belinski tuvo una relación tensa, sostenía que ese misterio que prefiguraba el rostro de la Virgen se debía a que ella sabía, le debía constar, que el Niño no era rigurosamente suyo. Una mirada irreverente con la que contrastar la interpretación mistérica mayoritaria, en un estilo parecido, opinaría años más tarde un médico amigo del psicólogo y esteta Fechner cuando dio de la figura del niño un diagnóstico en lugar de una interpretación: "el niño tiene las pupilas dilatadas; tiene lombrices y habría que recetarle unas píldoras", así nos lo recuerda el profesor Stolóvich (1929-2013). Nicolai Ogariov (1813-1877), amigo desde los años de mocedad de Herzen, poeta y tan conspirador como todos ellos, admitía: "puedo llorar ante esta *Madonna*... es un momento de deleite maravilloso". Ogariov fue amigo de Dostoievski, le ayudó y se interesó por él en varios de los momentos difíciles por los que atravesaron el escritor y su esposa durante la larga estancia en Europa. Seguramente, pues, Ogariov no compartía la opinión altiva de Belinski sobre la Virgen, ni la visión más distanciada de Herzen, de modo que la emoción estética pudo más que la prevención o la sospecha ideológica, si es que la emoción puede evitar quedar teñida por lo ideológico. Y el pintor Ivan Kramskoi nos legó una enigmática sentencia alusiva al lienzo: "el retrato de lo que los pueblos piensan". ¡Ahí queda eso!

Pero fue Mijail Bakunin (1812-1876), según nos cuenta Herzen, quien más supo sacar partido al cuadro de marras. A comienzos de la primavera de 1849 había estado oculto en los bosques del ducado de Anhalt, perseguido por el gobierno austriaco, dedicándose a cazar y escribir manifiestos para la liberación de los pueblos oprimidos, que no es mal plan. Vivió una temporada en la pequeña ciudad de Köthen, donde Johan Sebastián Bach (1685-1750) había sido maestro de capilla durante cinco años al servicio del príncipe Leopoldo de Anhalt-Köthen, quien le había rescatado de la cárcel en Weimar. En esa pequeña ciudad vivió Bach cinco años, allí murió su mujer María Bárbara y allí compuso *Los conciertos de Brandemburgo* en 1721.

Bakunin se trasladó de Köthen a Dresde, donde ya había vivido un tiempo con su amigo el escritor Iván Turguénev (1818-1883). De aquellos años debieron quedarle deudas pendientes, de modo que tuvo que procurar ocultarse también de los acreedores, según nos advierte otro de sus amigos, el filósofo Arnold Ruge (1802-1880). En la capital de Sajonia conoció a Richard Wagner, con quien trabó amistad, y a su mujer, Minna Planer, una bella y amable actriz de quien parece que algo se enamoró, si es que en el enamoramiento caben grados. A Wagner le propuso colaborar en la confección de una ópera sobre Prometeo, él se encargaría de confeccionar el libreto. Se emocionó cuando oyó a la orquesta que dirigía Wagner interpretar la *Novena sinfonía* de Beethoven y le dijo que si toda la música tuviese que desaparecer "debíamos, aunque fuera arriesgando nuestras vidas, salvar aquella sinfonía". Cuando días más tarde oyó las primeras escenas de *El holandés errante*, exclamó: "es maravillosamente bella".

Años después dirá Lenin a Gorki que escuchar *La Appassionata*, esa "música maravillosa", le afectaba a los nervios, "me entran deseos de decir palabras afables y acariciar la cabeza de esas personas que pueden crear tal belleza en un asqueroso infierno". Lo maravilloso desmovilizaba las tareas revolucionarias. Antes de entregarse a la belleza había que derrocar el infierno. A las masas no les convenía distraerse en el éxtasis contemplativo, pensaba el camarada Vladimir Illich. Se comprende que en el cuadro de Nalbandian tenga unas carpetas en la mano. Nunca estaba ocioso el padre soviético, ni uno solo de sus paseos era por simple placer, una carpeta, unos libros, siempre habrá algo que le hará sospechoso de no abandonarse a lo maravilloso, de no dejarse arrastrar por el canto de las sirenas de la *Appassionata*.

Wagner nos ha dado una vívida descripción del Bakunin de aquel entonces:

> *"Como llevaba la triste existencia de un hombre obligado a esconderse constantemente, le invitaba con frecuencia a cenar con nosotros". En una de estas ocasiones "mi mujer le ofreció para cenar carne fría y finas lonchas de salchichón. Pero en lugar de hacer parsimoniosos sandwiches a la moda sajona, nuestro invitado engulló todo de una vez (…) Prescindió también de seguir nuestra manera de beber en vasitos. Mostraba la más absoluta antipatía por la moderación calculada".*

Ambos comensales se pusieron al frente de la revuelta de Dresde, a comienzos de mayo de 1849, que fue uno de los últimos coletazos de aquella primavera de los pueblos del año anterior. Pero en plena revuelta resultaba que Bakunin era el mejor estratega, había hecho el servicio militar y se había licenciado del ejército con el grado de teniente. "Al fin le iban a servir de algo sus conocimientos de artillería", cuenta Herzen. Aquellos días de insurrección "enseñó el arte de la guerra a profesores, músicos y farmacéuticos". Resultó ser el más profesional de los revolucionarios a la hora de preparar la defensa de la ciudad contra los ejércitos prusianos. Su plan consistía, entre otras tácticas, en utilizar los cuadros de las vírgenes de Murillo que poseía la Galería como estandartes sobre las murallas, en las barricadas, y especialmente utilizar de escudo artístico a la *Madonna* Sixtina. Cuando los soldados prusianos, que son gente leída, educada ("*zu klassisch gebildet*", dice Herzen, reproduciendo la expresión alemana) vean los cuadros abandonarán el combate; no se atreverán, argumentaba Bakunin: "No osarán disparar contra Rafael". Pero no se le hizo caso, no se puso a prueba la fuerza de la educación clásica recibida por la tropa.

No sabemos que habría pensado Kropotkin de la ocurrencia estratégica de su antecesor ideológico, al que nunca llegó a conocer en persona. Según nos cuentan sus biógrafos Woodcock y Avakumovic, Piotr Kropotkin aprovechó sus estancia en España, en 1878, después de tratar de temas políticos con los internacionalistas de Barcelona, para desplazarse ex profeso a Madrid y visitar el museo del Prado, donde se quedó prendado de las vírgenes de Murillo, quintaesencia de la feminidad, a lo que parece, para el príncipe anarquista.

La revuelta de Dresde fracasó. Wagner consiguió huir para seguir bebiendo en vasitos y comer a la manera sajona. La ópera *Prometeo* no pasó de ser un proyecto y Bakunin fue capturado, sentenciado a muerte, enviado a Rusia y allí confinado en diversas mazmorras hasta que consiguió evadirse doce años después. En una ocasión, años más tarde, le preguntaron si habría planteado el mismo plan de defensa en el caso de que las tropas enemigas de la revuelta hubieran sido las rusas. Claro que no, contestó, "los cosacos rusos van siempre borrachos y habrían destrozado los cuadros".

¡Bakunin, "el precipitado acoplamiento de lo incompatible"! así lo definió en 1906 aquel poeta de San Petersburgo que fue Alexandr Blok (1880-1921), uno de los muchos jóvenes poetas que murieron prematuramente cuando la Revolución traicionó a la poesía.

VII.

Por aquel entonces, mediada la década de los noventa del siglo XX, bajo el mandato de Boris Yeltsin, corría la noticia de que el paradero del conocido como tesoro de Troya o tesoro de Príamo desenterrado por Schliemann, en paradero desconocido desde la Segunda Guerra Mundial, se encontraba en Rusia y, como había ocurrido con la *Madonna* Sixtina, se iban a iniciar trámites para organizar una exposición y decidir cuál sería su domicilio definitivo. Como sucede tantas veces, Rusia ni negaba ni asentía, y todo quedaba en un confuso rumor. Para bien de la humanidad, por supuesto, el gobierno soviético había escondido el susodicho tesoro de la voracidad capitalista y ahora condescendería a mostrarlo, o tal vez no, por si acaso Alemania o Turquía exigieran eventuales devoluciones.

En julio de 1995, cuando me dirigí al museo Pushkin, todavía no se disponía de una información clara al respecto. Así es que con la prevención debida y disimulando con altanería la timidez me dispuse a abordar a la primera encargada del museo que encontré, una matrona corpulenta idéntica a todas las que custodiaban la entrada al metro, de las que venía recibiendo sonoras broncas cada vez que no acertaba a introducir el "*zhetón*" (la ficha) para franquear la barrera de acceso. Preguntarle a una matrona semejante donde estaba el tesoro de Troya era casi una provocación "¿Cómo? Ni en la URSS antes, ni en Rusia ahora hay ningún tesoro de Troya ¡Calumnia capitalista!", temía que fuese su respuesta. Sin embargo, la oronda vestal, sin levantar la vista del *sudoku* con el que combatía el aburrimiento, me indicó con el brazo una dirección. Como viera por el rabillo del ojo que yo tardaba en reaccionar pronunció un estruendoso "*vot*", que es la versión rusa del *voila* francés, aunque *vot* suena tanto al duro, cortante e inexpugnable *niet* que cuesta mucho asociarlo al alado, volátil y cantarín *voila*.

Sin más preámbulos seguí las indicaciones y, efectivamente, en una de las estancias de la planta baja del museo se hallaba la exposición de los tesoros troyanos. En las vitrinas resplandecían los dorados de los objetos que habían configurado la prosaica cotidianidad, el elegante protocolo y la liturgia sagrada de aquella ciudad heroica. Entre todos destacaba la vitrina vertical que exhibía la metáfora de Homero, el metal fundador de la literatura occidental: la diadema de oro diseñada para ceñir la frente de reinas y princesas troyanas, flanqueada por trenzas, orillas doradas que debieron custodiar el rostro de aquella Helena espartana llevada a Troya para ser cantada por la epopeya y dibujada por la metáfora. Helena, "la de los cabellos de oro", modelo de hermosura humana a la vez que divina.

Canta Homero, en versión rítmica al castellano de Agustín García Calvo:

> *"Y, ya que a Hélena vieron que a las almenas subía, quedo uno al otro palabras aladas tales decían:*
> *«No son de culpar Troyanos y Aqueos grebas-fornidas*
> *de que por tal mujer tanto tiempo sufran fatigas:*
> *su faz a las diosas sin-muerte aseméjase a maravilla»".*

La Helena troyana de cabellera dorada dista mucho de parecerse a la María hebrea de Dresde. El cautiverio o la custodia soviética las había reunido. La Virgen se nos presenta con el pelo castaño, alisado y peinado con una raya en medio de la que desciende la simetría armónica de su rostro, como debía ser la belleza según el *Hipias mayor* de Platón. Simetría, armonía, serenidad en la contemplación… los trazos de la belleza clásica renacida en la época de Rafael. Y en esa *Madonna* en particular tenemos una belleza, además, natural, sencilla... tal vez pura, *tota pulchra,* si la pureza existiera... Pijoan la saluda en su excelente historia del arte: "¡Qué estupenda visión de juventud y belleza! El cuerpo es magnífico: ya grande, la cabecita es todavía de niña". No viene con corona celestial ni diadema con flequillo de oro. Alguna ligera brisa debe soplar para provocar que el manto que cubre su cabeza dibuje una concha, insinúa quizá una *mandorla* como las que suelen acompañar las representaciones de las vírgenes románicas y bizantinas. Un viento suave que no tiene la fuerza del viento norteño que traza un caparazón en el manto violeta de la doncella del cuadro que lleva el nombre de un dios griego, el viento poderoso *Bóreas* (1903) del prerrafaelista Waterhouse (1849-1917). La *Madonna* de Rafael está en un más allá lejos del clima atmosférico. Quizá el viento que remueve las vestimentas no sea más que el producido por el propio movimiento de los personajes del lienzo, el paso lento con el que María se nos acerca. Y lo hace descalza, sostenida por nubes que se rizan en contraste con el fondo liso, lácteo, en el que se nos muestran los rostros enigmáticos y pálidos de otros habitantes celestiales que quedan insinuados.

La belleza discreta de esta madre joven es humana, es una de las nuestras en la pintura carnal de Rafael, no como aquella Helena, hija de Zeus, que ascendió al limbo mitológico de la epopeya. María, la muchacha judía, será modelo de una maternidad llamada a unir en lazo fraterno al rebaño humano. Su distintivo como inmaculada no la hace menos humana, pues dispone de un poder vicario que le otorga una distinción extraordinaria, pero para ser adorada debe ser arquetipo materno, cualquier madre debe tener un destello de María la hebrea, y ser a la vez una mediación hacia las personas trinitarias divinas.

Por Helena se batieron los pueblos. Referencia de belleza, discutida en su amoralidad y difícilmente imitable, se accede a ella por conquista, ya sea por seducción o rapto. Helena convertida en *materia* de disputas por el honor, en algo que puede ser poseído, que puede asumir los distintos rostros del deseo carnal, mereció una guerra sin culpables. El áureo metal de la belleza seductora que la distingue la separa de la arcilla de la carnalidad materna.

Más de una docena de años estuvo Nikos Kazanzakis viajando con las libretas donde componía una nueva *Odisea*, 33.333 versos para glosar la aventura de un inquieto Ulises que no puede asumir un destino sedentario. Su *domus* es el mar y su designio una búsqueda de sentido y civilización. Trasciende el *pontos* griego para recorrer los mares planetarios y las épocas históricas. En esta nueva aventura se le une Helena, cuya adaptación a una vida palaciega es una infidelidad permanente a ella misma. Ulises y Helena, náufragos de lo cotidiano, zarpan de nuevo. Sin embargo, la princesa espartana, la cautiva de Troya, la "agraciada-por-el-sol", según el verso de Kazanzakis, no puede sustraerse a su condición de beldad. No obstante, si su belleza estaba en el inicio y en el final de la guerra que enfrentó a tirios y troyanos, ahora ya no le basta a ella misma ni a quienes sucumben en su presencia: "¡Pero ya el alma del hombre va más allá de la hermosura de Helena!" Y la nueva Odisea le tiene preparado un nuevo destino, va a ser la madre de una nueva civilización erigida sobre las ruinas de la cretense.

> *"Diosa no soy yo, y odio los cielos vacíos;*
> *me agrada la tierra y siento dentro de mí mucho polvo y rosa;*
> *no me basta ya esta casa, pues mi alma se extendió*
> *para contemplar los mares y las hogueras*
> *y las rudas rodillas varoniles".*

Los bárbaros rubios descienden desde el norte y engendrarán en las entrañas de Helena a esa nueva civilización. Una nueva *gens* poblará las tierras y surcará los mares. Helena será, pues, también, de algún modo, madre universal. Una Helena a la que nunca abandonará la belleza, cuando en su agonía la dorada cabellera sea plateada. La maternidad reproducirá la belleza, en una *gens* ahora rubicunda y bárbara, y la estirpe de Helena poblará la tierra. El tiempo irá realizando su creación distanciándose del origen, pues con el transcurrir de las estaciones se irá tejiendo el olvido, "ya adormecióse el mito...".

No parecía muy prudente utilizar la estrategia de la *Madonna* Sixtina como escudo protector en las barricadas. Pocas veces la estética vence al ímpetu bélico. La belleza de Helena consiguió desarmar el odio vengativo con el que Menelao, caída Troya, empuñaba la espada, pero el sentimiento estético que experimentó el rey de Esparta era "interesado". La pasión, el deseo, la victoria llenaban de materialidad el gesto de Menelao, amante despechado, amante.

A los soldados prusianos solo cabía otorgarles un posible goce estético estrictamente kantiano, esto es, desinteresado, por lo tanto, desvalido ante la imperiosa acometida bélica. Es posible que no se les hubiera planteado ni siquiera el dilema bakuniniano.

A aquellos guerrilleros rebosantes de odio que asaltaron la escuela de Beslán no les paró la belleza ingenua de los niños a los que sacrificaron en el altar de la ideología.

El rey persa Cambises II utilizó en la batalla de Pelusium (525 a.C.) contra los egipcios una táctica religiosa en la que cabría reconocer elementos estéticos bakuninianos. Hizo grabar los escudos de su tropa con imágenes de la diosa egipcia Bastet, una mujer con cabeza gatuna, y lanzar con catapultas centenares de gatos, dioses felinos contra los cuales no podían luchar los devotos y temerosos creyentes. La victoria estaba asegurada, poco atinaron a defenderse los egipcios. A los prusianos tal vez les habría detenido una avalancha de biblias de Lutero, pero por aquel entonces ya era entrada la revolución industrial y ante el Dios verdadero del progreso económico palidece cualquier otra fe. Tal vez forrando las barricadas con billetes de banco…

La belleza ha rendido a ejércitos y hecho cautivo a guerreros; algunos templos se han salvado de la destrucción de sus conquistadores gracias a ello. No obstante, bien pudiera suceder que salvando por hermosa la basílica de Santa Sofía se pudiera destruir sin dolor de conciencia casi todas las demás muestras artísticas bizantinas. Salvar algo para poder destruir el resto... Incluso utilizar la obra indultada para ejercer el poder de poseerla y presumir de su conquista. Tal vez sea excesivo optimismo el de Indro Montanelli (1909-2001) cuando afirma que la belleza de Atenas venció a Alarico, que en el 395 venía conquistando la región "con ímpetu agresivo". Sujetó ese ímpetu y cesó en la conquista: "la brusca renuncia a proseguirla cuando se encontró ante las estatuas y las columnas del Partenón, cuya belleza le deslumbró". Las pocas fuentes que disponemos de aquellos años remotos no permiten corroborar la interpretación del historiador y periodista italiano. Para Ferdinand Gregorovius la admiración estética tal vez no fue el elemento primordial que evitó la destrucción de Atenas. Con una retórica ejemplar nos recuerda este historiador alemán que "en este hermoso mundo helénico, gastado por los años, irrumpió ahora Alarico con sus rapaces hordas". Al rey visigodo nacido en la selva fluvial de la desembocadura del Danubio cabe suponer que alguna emoción debió transirle al recorrer las calles atenienses donde todavía permanecían abiertas las aulas de la Academia platónica y el patio del Liceo aristotélico, y algo más del esplendor de sus buenos tiempos debía brillar en la ciudad derrotada. No obstante, resulta prudente atribuir también al cálculo estratégico bélico y tal vez al miedo que le produjo al rey godo las apariciones de Aquiles y Atenea con sus refulgentes armaduras, el respeto a la ciudad que infundio a sus tropas "rapaces". Semejantes apariciones no pueden dejar indiferente ni al más bragado de los bárbaros. Pero no estorba imaginar, a estos efectos interpretativos, que Alarico, al dejar atrás la Atenas conquistada sin infligirle castigo, desde su cabalgadura girara la cabeza para columbrar el Partenón sobre la Acrópolis y se sintiera satisfecho de evitar destruirla.

Konstantin Pautovsky (1892-1968), aquel escritor enredado en la red soviética confesaba haber tenido una impresión de belleza y bondad, debió tratarse de la *kalokagatía* platónica, contemplando el cuadro de

Rafael, que le acercaba de algún modo a lo dicho por Bakunin, aunque Pautovsky probablemente lo ignorara. Así, escribió: "En mi ingenuidad creí efectivamente que sería improbable matar a un hombre ante los ojos de la *Madonna* Sixtina". Ingenuamente, claro. Tan ingenuo como resultó ser Winckelmann en un hostal de Trieste cuando una noche de junio de 1768, llevado por el deseo de compartir su entusiasmo, enseñó unas bellas monedas antiguas, regalo de la emperatriz María Teresa de Austria, al tipo que horas más tarde lo mató para quitárselas.

A los carniceros de Beslán, salidos de la edad media con heridas de la edad contemporánea, cegados por el resentimiento y la venganza de la sangre, no se les habría desactivado con la belleza material de Helena ni con la belleza metafísica de Bastet ni con la humilde belleza de la *Madonna* Sixtina.

En uno de los artículos que escribió Trotsky en su polémica contra los formalistas, acabó con una afirmación categórica: "Cuando los cañones truenan, las musas callan". Se trata de una suerte de argumento contundente de la familia de los argumentos baculinos. Un buen golpe de báculo contra quien niegue la existencia de los objetos. Marx, en *La cuestión judía*, había aludido también a lo banal de los Derechos Humanos. Nada son frente a los cañones. Y Stalin despreciaba a la iglesia católica porque el Papa no disponía de divisiones militares. Cabría argüir que las musas silenciadas inspiran también cañones, de la misma forma que la fe mueve montañas. Aquellos guerrilleros nacionalistas islámicos eran impulsados por una convicción ciega, tal vez si hubieran abierto los ojos...

VIII.

Para Nietzsche (1844 -1900) el cuadro de Rafael era "un motivo de alegría" que descendía de los cielos hacia la tierra. Un goce por la vida y un canto a la existencia mundana que, según el filósofo, era propio del conjunto de la obra del pintor renacentista. Le parece a Nietzsche que la mirada del niño es una mirada de adulto:

> *"el ojo del hombre sobre la cabeza del niño, ese ojo del hombre bravo y generoso que contempla una miseria. Para esos ojos hace falta una barba; la ausencia de ésta y la reunión de dos edades diferentes que se reflejan en el mismo rostro: he aquí la paradoja agradable que los creyentes han interpretado en el sentido de la creencia en el milagro".*

En *El viajero y su sombra* titula el comentario al cuadro: "Lealtad a la pintura". Lealtad de Rafael a su propia manera de hacer y entender su arte, y mientras los clérigos "acostumbrados a las plegarias y a las adoraciones" al modo del san Sixto del cuadro "veneraban la visión sobrenatural", los "jóvenes sin fe" podían participar de esa visión sin recurrir a trascendencias ni aspirar incienso, contemplando a María como "la esposa del porvenir, una mujer inteligente, de un alma noble y silenciosa, y muy bella". Y le parece a Nietzsche que Rafael puso a santa Bárbara –algunos interpretan que se trata de santa Catalina, y él se refiere a ella como "la joven"– al modo de contrapunto de belleza y juventud frente al viejo santo. "La linda joven [...] que, con su provocativa mirada, que no tiene nada de devota, se dirige a los espectadores del cuadro como insinuándoles '¿Verdad que esta madre y este hijo son un espectáculo amable y tentador?'". De hecho, como observa Antonio Forcellino, Rafael "utiliza con extrema desenvoltura los rasgos de la belleza femenina que más le atraen para expresar tanto la devoción erótica como la religiosa".

De la posible percepción de un sexto sentido anticipador del futuro, expresado en el dedo añadido a la mano derecha de san Sixto, no encontramos referencia en la interpretación nietzscheana. "En lo que atañe a la expresión 'mesiánica' –continua Nietzsche– en la cabeza del niño, Rafael, el hombre leal que no quería pintar estados de alma en cuya existencia no creía", pues salió al paso pintando ojos de hombre en cabeza de niño, una "paradoja agradable" que los creyentes interpretan como milagro, como hemos visto antes.

Ver a lo lejos no significa ver el más allá, parece que nos dice el autor de *Así habló Zaratustra*. La fe salva, por lo tanto, miente, había escrito Nietzsche. Habrá que subir a las cumbres para anunciar el Eterno Retorno, no quedarse en la mediocridad, en la media cumbre de la soteriológica resurrección carnal. Hay que tener el coraje de afirmar el regreso eterno del Gólgota. Y al niño que sostiene la hermosa *Fornarina*, pues le hace falta una barba.

María no es una diosa, el hijo que lleva en brazos sí. Ella es "lo supremo a lo que puede llegar la naturaleza humana". Así razonan los personajes de un diálogo que al respecto imagina el poeta y crítico de arte August Wilhelm von Schlegel (1767- 1845). El niño es Dios. Esa barba, ese milagro de la superposición de las dos edades a las que alude Nietzsche no sería tal. Rafael supo captar la idea: "jamás un niño tuvo semejante apariencia". Tal parece que adelantándose a la visión nietzscheana se preocupa en puntualizar Schlegel: "no es madurez prematura", no hace falta barba, "es sobrehumanidad". Lo original de la obra de Rafael reside en pintar esa eventualidad, si pudiera darse, hasta el punto de que no es posible deducir como sería su rostro de mayor a partir de los rasgos infantiles que se nos muestran. De ahí la dificultad, quizá incluso la imposibilidad, de representar a Cristo de adulto. “El misterio de la conjunción de las dos naturalezas me parece resuelto de la mejor manera en el maravilloso misterio de la infancia, que es tan limitada en su ser como también delimitada”, y añade: “prefiero representarme al Redentor del mundo como un niño”.

Mucho aguza la visión y apura la interpretación Schlegel para poder matizar y distinguir la mirada de la madre de la del niño que lleva en brazos. Pero la clave está en la diferente naturaleza de ambos. Ella es la portadora del niño dios. Su belleza es el límite de la hermosura alcanzable por alguien de este mundo terrenal. Habrá que pensar, pues, que sus ropas, con permiso de Dostoievski, los pies descalzos, toda su presencia remite a lo carnal y terreno; y esa juventud, ese aspecto de muchacha sorprendida, asustada y serena... ¿cómo podemos interpretarlo? Bueno, pues, esa “floreciente juventud” se debe, sostiene Schlegel, a que “ha sido retenida para la eternidad”.

IX.

Wagner consiguió escapar ileso de las tropas prusianas y de la amistad con Bakunin. Entregado a la devoción mariana comentaría el cuadro de Rafael en *Religión y arte* comparándolo con el arte clásico. Mientras en Artemisa puede apreciarse la castidad como valor, en la *Madonna* Sixtina aparece "el amor divino alejado de toda posibilidad de conocimiento de un defecto de castidad, lo que produce desde lo más íntimo de la negación del mundo, la afirmación de la liberación y de la salvación" de modo que el artista muestra "el dogma religioso en una especie de abierta revelación, que no se realiza ya en el ámbito de la razón razonable, sino en el de la intuición extasiada". La razón sobra, el dogma se impone intuitivamente y el arte viene a ser una oración. Se comprende que Nietzsche rompiera con Wagner al contemplar desolado como

Parsifal rendía tributo al cristianismo. No comprendía Wagner la esencia dionisíaca de la vida y ponía orden desde arriba, desde la trascendencia, para sujetar al mundo con esa red de la intuición extasiada del arte sometido al dogma.

Pero como eso de la intuición extasiada es por definición personal e intransferible, cada cual con la suya si la tuviere, y por ende a la manera mística, inefable, pues nada cabe añadir, y desde ella poco se puede ideologizar, hace falta volver a la razón razonable, descender a la inmanencia para explicar la mirada del niño que sostiene la virgen. "El divino niño [...] presa de la muerte y envuelto por el terror de la muerte", pero al mismo tiempo en tanto que divino comprende la tarea de la redención que le aguarda. El cuadro se convierte para Wagner en una estampa para fijar la fe de la comunión. Este niño, el niño que ve Wagner, además de una barba necesita un megáfono y un púlpito.

La muerte, el miedo a la muerte, es lo humano del niño divino. Todos los miedos son epifanías del único miedo, el mortal. El niño es humano en su miedo, lo que no parece que sea, entonces, es niño. ¿Conoce un niño la muerte? ¿Sabe lo que le espera en su transcurrir mundano y mortal? La mirada de las víctimas del terror rara vez ofrece un destello de comprensión, y menos cuando la víctima es un niño. La muerte sin argumento, la desolación, es el núcleo de esas miradas infantiles que nos golpean. Tal vez la que podemos reconocer en el hijo de la *Madonna* Sixtina.

X.

La Galería de arte de Dresde fue atacada con saña en 1945. Se trató de un bombardeo devastador, "gratuito", vengativo, más allá de toda lógica bélica lanzado por el alto mando británico sobre la ciudad, fruto del resentimiento y las ansias de aniquilación. Por suerte la colección de arte había sido puesta a buen recaudo, y la *Madonna* Sixtina debió contemplar el horror desde su escondite. El escritor alemán W. G. Sebald en *Sobre la historia natural de la destrucción* se refiere a los bombardeos de Dresde: "La muerte por el fuego en pocas horas de una ciudad entera, con sus edificios y árboles, sus habitantes, animales domésticos, utensilios y mobiliario de toda clase tuvo que producir forzosamente una sobrecarga y paralización de la capacidad de pensar y sentir de los que consiguieron salvarse. Por ello los relatos de los testigos aislados tienen sólo un valor limitado y deben completarse con lo que se deduce de una visión sinóptica y artificial".

Los adultos saben, bien que mal, pensar la devastación, aunque su testimonio conmocionado no baste para comprender. Pueden ofrecer un balbuceo de raciocinio, un testimonio. En el caso de los niños, ellos son el testimonio, quede para nosotros el balbuceo.

Si el niño de Rafael sabe, su saber le separa de la experiencia incomprensible de esos niños que han sufrido la tragedia y que no son capaces de pensarla. Pero tal vez ese niño del lienzo no sabe, solo nos brinda su testimonio del destino que le aguarda y espera que Dostoievski lo narre, lo anuncie, lo advierta...

Susan Sontag lo precisó en uno de sus últimos libros, *Ante el dolor de los demás*: "Las narraciones pueden hacernos comprender. Las fotografías hacen algo más: nos obsesionan". Sí, por supuesto, la obsesión agradece nutrirse de la imagen. Detener la imagen que pasa sin cesar y nos dificulta comprender. En el cuadro, en la escultura, en la foto... se puede captar lo instantáneo para fijarlo y poderlo pensar. Es la fuerza del arte, sujetar lo que el transcurrir arrebata. Obsesiona el enigma de lo que hay en la retina de esos niños, lo impensable del horror que no puede por menos que dejarnos el sentimiento de haberles fallado, de haberles decepcionado, porque tal vez ellos no son divinos y no comprendan que el destino se realiza a través de esas experiencias, ni esperan que haya un mañana más allá del atardecer de hoy. Luego edificaremos construcciones de sentido para explicarles y explicarnos a nosotros, engañarnos todos creyendo saber lo que las miradas vacías enseñan, estrategias para vencer el miedo, para alejar la muerte; intentos de construcción de un sujeto de destino, precisamente de un destino que edifica barracones en los que alojar bebés en el *Gulag* y cámaras de gas en Treblinka, secuestra colegiales y caza niños que huyen. Ser sujetos y evitar ser movidos y conmovidos por la catástrofe, sofocar el sinsentido, acceder a pensar y no renunciar a reconstruir Dresde. Pero también habrá que reconstruir Beslán y Micaleso, y sus escuelas…

Tal vez algún día el enemigo se niegue a cargar contra la *Madonna* Sixtina y la estrategia de Bakunin triunfe. Alguien tan poco dado a concesiones sentimentales como Solzhenitsyn, en cuya retina permanecía el horror del siglo XX, quiso confiar en la predicción atribuida al príncipe Mishkin. En 1971, en el discurso de aceptación del premio Nobel, ofreció una reflexión al respecto:

> *"Dostoievski hizo una vez esta enigmática observación:*
>
> *«La belleza salvará al mundo» ¿Qué clase de afirmación era esa? Durante mucho tiempo creí que solo eran palabras… Porque ¿Cómo iba a ser posible? ¿Cuándo en el curso de nuestra cruenta historia había salvado a alguien de algo? Ennoblecido, elevado, quizá. ¿Pero salvado?"*

Sin embargo, advierte Solzhenitsyn, la obra de arte, si bien se mira, tiene en sí misma "una fuerza de convicción completamente irrefutable y obliga a rendirse incluso al más rebelde".

Dostoievski había formulado una profecía. Una profecía cuyos profetas resultan, ciertamente, curiosos: el príncipe Mishkin, al que casi todos toman por idiota, de quien se nos narra la vida que tuvo en el breve intervalo que va de la salida de un sanatorio al ingreso de nuevo en otro, y Stepan Trofimovich, un atorrante personaje de *Demonios*, ridículo las más de las veces, que posee, no obstante, la capacidad para vaticinar el desastre que llegaría a Rusia de la mano de la generación nihilista y que defiende también la fuerza redentora de la belleza y el arte. Profetas inseguros, idiotas, ridículos... ¿por boca de ellos habla la verdad? Una profecía es irracional, no se obtiene decantando sustancias en un laboratorio ni aportando argumentos razonables ni se deduce de observación, su fuente suele ser una visión revelada, una anticipación. Si solo nos queda la fuerza evidente de la belleza, a la que apela Solzhenitsin, no se puede vaticinar un cumplimiento de la profecía. No es lo único poderoso evidente. Y no todo lo evidente concuerda y se acopla. El conflicto de evidencias resulta obvio. A Lenin escuchar a Beethowen le hacía sentir ganas de acariciar cogotes... y no quería oírlo, pero Wagner provocaba a los nazis ganas de exterminar... y no dejaba de sonar. Donde unos ven la belleza de unas monedas acuñadas con precisión y buen gusto, otros pueden reconocer simplemente el bruto y vil metal y asesinar para poseerlo. La profecía es ambigua, Mishkin no contesta cuando le interpelan: ¿qué belleza? Podríamos seguir: ¿qué mundo? La referencia a la salvación es también confusa, pues remite a un limbo soteriológico. Esa ambigüedad le otorga éxito a la frase, ya que cada uno la puede acomodar a sus presupuestos. Una profecía que, por definición, no puede ser nunca comprobada, pues remite a lo que no es todavía, al futuro impreciso. Un motivo más para que tenga éxito renovado y se mantenga generación tras generación, ya que solo caducará desde fuera del tiempo. El tiempo condena al mundo, a "la creación", a ir muriendo a cada instante...

En una de las guerras más recientes en las que ha estado, tal vez todavía está, implicada Rusia, la de Chechenia, hemos visto actualizada la discusión sobre la profecía dostoievskiana. Vladimir Makanin (1937- 2017) en el relato *Prisionero del Cáucaso* cuenta la historia de un soldado ruso fuerte, valiente, que captura a un joven guerrillero islámico checheno. La belleza del entorno, el Cáucaso de nuevo, como en la primera caída del caballo de Serguei Bulgakov, ejerce su predominio estético. El marco natural se impone al contexto bélico. Las montañas, los árboles, el canto de los pájaros indiferentes al drama acallan la "fealdad" de la contienda. "Tal vez en este sentido la belleza sí que esté salvando el mundo", nos dice el narrador. El prisionero es un muchacho joven y hermoso, y el soldado ruso empieza a notar una atracción hacia su prisionero. Es algo nuevo que lo confunde. Primero piensa que es solo compasión, y eso lo tranquiliza. Pero cada vez vuelve a aparecer con fuerza una sensualidad inequívoca que le enoja, "no esperaba aquello de sí mismo". Cuando un grupo de chechenos se aproxima a donde ellos están escondidos, el soldado tapa la boca del prisionero para que no pueda descubrir la posición a sus compañeros. Lo levantó en vilo, los dos rostros unidos, con una mano forzuda le rodeaba el cuello y "apretó; y la belleza no tuvo tiempo de intervenir". Cuando más tarde se prepara para regresar a casa constata como el recuerdo del muchacho le acompaña y el paisaje, los bosques, las montañas, le retienen. El relato acaba cuando el narrador formula una pregunta a ese paisaje del que no podía desprenderse: "¿qué le quería decir exactamente su belleza?"

La belleza es una evidencia poderosa, pero no siempre tiene que defender las buenas causas ni ir asociada a la bondad. El Caín de Lord Byron es más hermoso que Abel. Nicolai Stravrogin, uno de los malvados en *Demonios* de Dostoievski, es un apuesto villano. El mal seduce porque también participa de lo bello. Pero tenemos a la *Madonna* de Dresde, sin mácula, descalza, carnal, en su humilde belleza mortal anunciando la tragedia que redimirá. La belleza salvífica... pero es posible que esta madre vea en primer plano al hijo como cadáver solitario, un despojo humano abandonado, y dude, y su fe de joven madre vacile ante la visión de la tortura y la muerte. Sin embargo, Rafael la muestra serena, la duda no es una certeza negativa, algún rescoldo de esperanza podía mantener viva la fe que se le exigía. Sin la incertidumbre que cabe adivinar en la mirada de la Virgen no impresionaría el cuadro. Sin la duda la joven madre no sería humana, sería una divinidad plenamente realizada. Hay que añadir la fe al cuadro como un protagonista luminoso acompañado de una sombra de incertidumbre, si ello cabe. María será vista desde Justino, en el siglo II, como la nueva Eva. Mientras la compañera de Adán desobedeció a Dios y ganó para ella y la humanidad toda el castigo de la muerte, María al obedecer, "hágase en mi tú voluntad", trajo la redención. Lucas advierte que María debía pensar en el destino de su hijo, y "guardaba consigo todas estas cosas, meditándolas en su corazón". Una obediencia sin meditación y sin posibilidad de no acatar, de rebeldía, no sería humana. Eva y María, cada una a su manera, son humanas. Pero una fe sin incertidumbre ni miedo no sería más que un automatismo frío y fanático.

María conoce la profecía de Simeón: "una espada te atravesará el alma". La *Madonna* Sixtina nos conmueve por la fe de la madre y del hijo, y por sus miedos.

El dedo de san Sixto lanza el reto al espectador: atrévete a mirar en la dirección a la que miran la Virgen y el Niño. Dostoievski exploró esa mirada, se atrevió, pero nunca venció al ateísmo. Daba rodeos cuando se enfrentaba a los argumentos racionales, elipsis argumentales, parábolas… esfuerzos de un luchador sin recompensa. Unos versos que escribió Alexander Blok le habrían consolado como un regalo póstumo en su agonía en aquel diván del gabinete, bajo el grabado de la *Madonna:*

> *"Mis ojos distantes y remotos, angustiados*
> *y rígidos de lágrimas verán en el ancho río,*
> *navegando despacio, a Cristo*
> *en una barca acercándose a mí".*

Y ¿dónde queda la profecía? Mishkin no es capaz de convertirse en profeta y asumir lo que se le atribuye. Su vaticinio no será verdadero hasta que no se cumpla. Mientras tanto no dejará de ser un deseo, un futurible especulativo. Su andar entre los cuerdos no puede evitar el crimen, tal vez, incluso, lo fomente. Habrá que rescatar la belleza del contexto soteriológico al que le conde na la profecía, y considerarla como un recurso, tal vez imprescindible, para habitar el mundo en el lapso que nos sea concedido. Una belleza protegida por la razón, que en el lienzo de Rafael sostiene la fe obediente y la incertidumbre, como suele vivirse lo mundano, por más que descienda, excelsa, en una nube, y sea custodiada por la moral que le permite aproximarse descalza, frágil, sujetada por el amor materno filial, tal y como se nos presenta esta muchacha hebrea que nos conmueve desde su serenidad trágica.

Pero la belleza no está solo representada por una bondad excelsa. "Una mujer envuelta en el Sol", dice el *Apocalipsis* y reproducirán los papas marianistas. Hay otra belleza hecha sensualidad seductora en las almenas de una muralla de una ciudad sitiada, inaccesible a la venganza y capaz de procrear una estirpe híbrida de guerreros, pastores y navegantes.

Joseph Brodsky en su discurso de aceptación del premio Nobel hizo también alusión a la profecía de Mishkin, tal vez sea ya una tradición en los escritores rusos laureados por la academia sueca, y sostuvo que la estética es anterior a la ética, el gusto decanta la bondad, no todo está permitido en estética y por eso tampoco en ética... No obstante, "probablemente ya sea demasiado tarde para el mundo, pero siempre queda una oportunidad para el individuo".

Antes de replegarse a una salvación individual habrá que escuchar el aserto de Camus cuando advierte: "es indudable que la belleza no hace las revoluciones. Pero llega un día en que las revoluciones la necesitan".

¡Hay que atreverse a mirar!

¡*Spectare aude*!

BIBLIOGRAFÍA

ANDRÉS, Ramón. *Johan Sebastián Bach. Los días, las ideas, los libros*. Barcelona: Acantilado, 2005.

ANTAL, F. *Rafael, entre el clasicismo y el manierismo*. Trad. Carlos Manzano. Madrid: Visor, 1988.

ARCE, Javier. *Alarico. La integración frustrada*. Madrid: Marcial Pons, 2018.

BENJAMIN, Walter. *La obra de arte en la época de su reproductibilidad técnica*. Trad. Andrés Weikert. Buenos Aires: La marca editora, 2017.

BESANÇON, Alain. *La imagen prohibida*. Trad. Madrid: Siruela,2003.

BILLINGTON, James H. *El icono y el hacha*. Trad. Esther Gómez Parro. Madrid: Siglo XXI, 2011.

BLOK, Alexandr. *Un pedante sobre un poeta y otros textos*. Trad.Michael Faber-Kaiser. Barcelona: Barral, 1971.

BRODSKY, Joseph. *Del dolor y la razón*. Trad. Antoni Martí García. Barcelona. Destino, 2000.

BULGAKOV, Père Serge. *La lumière sans déclin.* Lausanne: L´age d´homme, 1990

BULGAKOV, Serguei. *L'Ortodoxia.* Trad. Raquel Ribó. Barcelona: Pòrtic, 2016.

CAMUS, Albert. *El hombre rebelde.* Trad. Luis Echavarri. Buenos Aires: Losada, 1953.

CERBELAUD, Dominique. *Maria, un itinerario dogmático.* Trad. José Antonio Marcén. Madrid- Salamanca: S. Esteban-Edibesa, 2005.

DJERMANOVIC, Tamara. *Dostoievski entre Rusia y Occidente.* Barcelona: Herder, 2006.

DOSTOIEVSKI, F. M. *El adolescente.* Trad. Mariano Orta. Barcelona: Juventud, 1966.

—. *Crimen y castigo.* Trad. Juan López-Morillas. Madrid: Alianza, 1985.

—. *Demonios.* Trad. Juan López-Morillas. Madrid: Alianza, 1984.

—. *El Idiota.* Trad. Gloria Martinengo. Barcelona: Juventud, 1964.

—. *Los hermanos Karamazov.* Trad. José Baeza. Barcelona: Juventud, 1968.

DUNHAM, Barrows. *Héroes y tumbas.* Trad. Aurora Campo y Juan Antonio Matesanz. Barcelona: Seix Barral, 1965.

EYMAR, Carlos. "La espiritualidad sofiánica de Serguei Bulgakov". En *Revista de Espiritualidad*, nº 73, 2014.

FLORENSKY. Pavel. *La perspectiva invertida.* Trad. Xenia Egórova. Madrid: Siruela, 2005.

—. *Cartas de la prisión y de los campos.* Trad. Víctor Gallego. Pamplona: Eunusa, 2005.

FORCELLINO, Antonio. *Rafael. Una vida feliz.* Trad. Pepa Linares. Madrid: Alianza, 2008.

FRANK, Joseph. *Dostoievski. Los años milagrosos, 1865-1871.* Trad. Mónica Utrilla. México: F.C.E. 1997.

GAVIGLIO, Bianca. *Raffaello, la Madonna Sistina e i russi.* Torino: Lindau, 2020.

GORODETSKI, Nadezhda. *El Cristo humillado. Ensayo desde la literatura y el pensamiento rusos.* Trad. Ramón Jimeno Sánchez. Salamanca: Sígueme, 2010.

GREGOROVIUS, Ferdinand. *Roma y Atenas en la Edad Media.* Trad. Wenceslao Roces. México, F.C.E. 1982.

GROSSMAN, Vassili. *La Madone Sixtine.* Paris: Interférences, 2002.

HERZEN, A. I. *Passé et meditations. Tome quatrieme.* Paris: L'age d'homme, 1881.

HOMERO. *Ilíada.* Versión rítmica de Agustín García Calvo. Zamora: Lucina, 2003.

KAZANZAKIS, Nikos. *Odisea.* Trad. Miguel Castillo Didier. Santiago de Chile: Tajamar ediciones, 2015.

KNEPPER, Guennadi. *Bakunin: Biografía global de un libertario cosmopolita.* Barcelona: Universitat Pompeu Fabra, 2015. Tesis doctoral.

KOVALEWSKY, Sophie. *Souvenirs d'enfance.* París: Hachette, 1907.

KROPOTKIN, Piotr A. *Memorias de un revolucionario.* Trad. P. Fernández-Castañón, Oviedo: KRK, 2005.

KÜNG, Hans. *El cristianismo. Esencia e historia.* Trad. Víctor A. Martínez. Madrid: Trotta, 2015.

LABEDZ, Leopoldo. *Soljenitsin acusa.* Trad. Gloria Martinengo, Barcelona: Juventud, 1973.

LEHNING, Arthur. *Conversaciones con Bakunin.* Trad. Enrique Hegewicz. Barcelona: Anagrama, 1978.

MAKANIN, Vladimir. *El prisionero del Cáucaso y otros relatos.* Trad. Olga Korobenko. Barcelona: Acantilado, 2011.

MAKARIAN, Christian. *María, la gran desconocida.* Trad. José Antonio Lizondo. Madrid: Espasa Calpe, 1996.

MONTANELLI, Indro y GERVASO, Roberto. *Historia de la edad media.* Trad. Francisco J. Alcántara. Barcelona: Penguin Random House, 2015.

MUNRO, Alice. *Demasiada felicidad.* Trad. Flora Casas. Barcelona: Editorial Lumen, 2013.

NIETZSCHE, F. *El viajero y su sombra.* Trad. Carlos Vergara. Madrid: Edaf, 2006.

PIJOAN, José. *Summa artis.* Madrid: Espasa-Calpe, 1951. Vol. XIV.

ROUSSEAU, J.J. *Las ensoñaciones del paseante solitario.* Trad. Mauro Armiño. Madrid: Alianza, 1983.

SCHLEGEL, A. W. von. "Las pinturas". En VV. A A. *La religión de la pintura.* Trad. K. Wrehde y M. A. San José. Madrid: Akal, 1999

SEBALD, W.G. *Sobre la historia natural de la destrucción.* Trad. Miguel Saenz. Barcelona: Anagrama, 2003.

SOLZHENITSYN, Alexandr. *Archipiélago Gulag.* Trad. Josep Mª Güell. Barcelona: Tusquets, 2005. Vol. II.

SONTAG, Susan. *Ante el dolor de los demás.* Trad. Aurelio Major. Madrid: Alfaguara, 2003.

STOLÓVICH, L.N. *Naturaleza de la valoración estética.* Trad. Augusto Vidal: Buenos Aires. Ediciones Pueblos Unidos, 1975.

TAINE, Hipólito. *Filosofía del arte.* Trad. Amparo Cebrián, Madrid: Espasa Calpe. 1968.

TSVIETÁIEVA, Anastasía. *Memorias. Mi vida con Marina (1896-1991).* Trad. Olga Korobenko y Marta Sánchez-Nieves. Madrid : Hermida Editores, 2018.

TUCIDIDES. *Historia de la guerra del peloponeso.* Trad. J.J. Torres Esbarranch. Madrid: Gredos. 2000.

TROTSKI, León. *Sobre arte y literatura.* Trad. Varios. Madrid, Alianza Editorial, 1971.

VIANA, María del Carmen. *María, una obra maestra. La madre de Dios a través del arte*. Madrid: Nueva Era, 2021.

WAGNER, Richard. *Religión y arte* [http:// Rebeliones.4shared.com]

—. *Mi vida.* Trad. Ángel Fernando Mayo. Madrid: Turner, 1985.

WINCKELMANN, Johann Joachim. *Reflexiones sobre la imitación del arte griego en la pintura y la escultura.* Trad. Vicente Jarque. Barcelona: Península, 1982.

WOODCOCK, G & AVAKUMOVIC, I. *El príncipe anarquista.* Trad. J.M. Álvarez y A. Pérez. Gijón: Júcar, 1971.

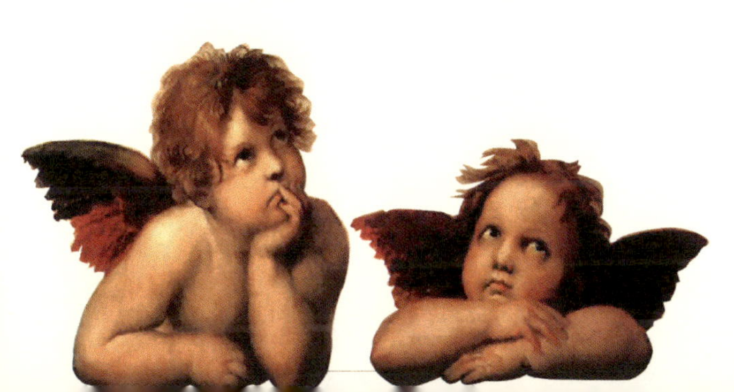

OTRAS PUBLICACIONES DE SANS SOLEIL

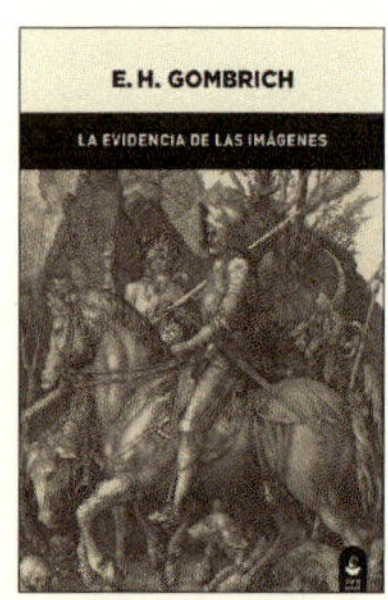

LA EVIDENCIA DE LAS IMÁGENES

E.H. Gombrich

Presentamos en este volumen dos estudios inéditos en castellano de E.H. Gombrich en los que retoma algunas de las cuestiones abordadas en su obra "Arte e ilusión".

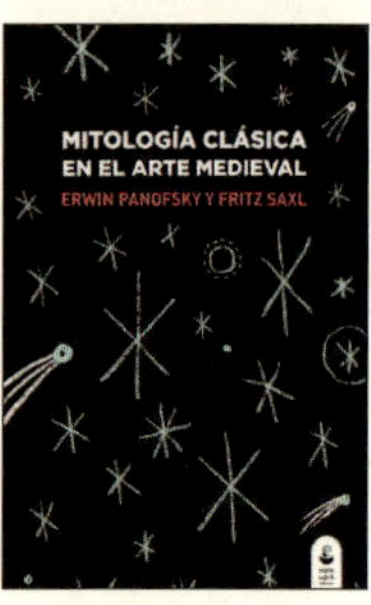

MITOLOGÍA CLÁSICA EN EL ARTE MEDIEVAL

Erwin Panofsky y Fritz Saxl

Panofsky y Saxl buscan desentrañar el papel que jugó la mitología clásica en la Edad Media, descubriendo así una etapa muy poco conocida del arte occidental.

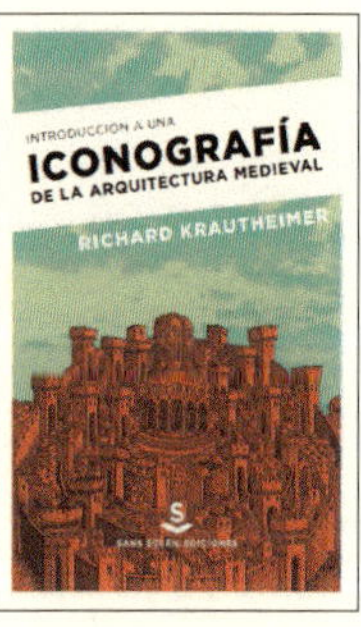

INTRODUCCIÓN A UNA ICONOGRAFÍA DE LA ARQUITECTURA MEDIEVAL

Richard Krautheimer

Nos hallamos ante un trabajo elevado a la categoría de clásico, uno de esos textos breves pero intensos, de lectura obligada para los amantes del arte medieval.

WWW.SANSSOLEIL.ES

“Libros curiosos para gente curiosa”